D1459950

NO LONGER PROPERTY OF
SEATTLE PUBLIC LIBRARY

APR 2 0 2010

Consiga que los niños le obedezcan

Barcelona - México
Buenos Aires

Consiga que los niños le obedezcan

100 trucos infalibles

Isabelle Leclerc

Traducción de Caterina Berthelot

b e b é
ROBIN
BOOK
nuevos padres

Título original: *Se faire obéir par les enfants sans se fâcher*

© 2007, Les Éditions Québecor

© 2009, Ediciones Robinbook, s. l., Barcelona

Diseño de cubierta: Regina Richling
Imagen de cubierta: iStockphoto
Diseño de interior: Paco Murcia

ISBN: 978-84-7927-778-9
Depósito legal: B-176-2009

Impreso por Limpergraf, Mogoda, 29-31 (Can Salvatella),
08210 Barberà del Vallès

Impreso en España - *Printed in Spain*

«Cualquier forma de reproducción, distribución, comunicación pública o transformación de esta obra solo puede ser realizada con la autorización de sus titulares, salvo excepción prevista por la ley. Diríjase a CEDRO (Centro Español de Derechos Reprográficos, www.cedro.org) si necesita fotocopiar o escanear algún fragmento de esta obra.»

Sumario

Sumario

Sumario

Introducción

*Un niño que no se está quieto
es un niño que no sabe cuál es su lugar.*

Françoise Dolto

¿Cómo saber cuál es la mejora forma de actuar en cada caso cuando se trata de la educación de nuestros hijos? ¿Cómo ayudar a nuestros hijos a resolver los principales problemas de la existencia? ¿Cómo proporcionarles las mejores herramientas para que tengan un buen comienzo en la vida, una caja de herramientas bien llena? ¿Cómo apaciguar sus crisis, sus lloros, sus rabietas? ¿Cómo encajar las confrontaciones, sin fomentarlas ni cultivarlas? Este libro propone respuestas a aquellas cuestiones generales de la educación que pueden llegar a plantear problemas. Va dirigido a los padres de bebés, de niños y de preadolescentes.

Educar es algo que se aprende, al igual que todo lo demás. Algunas personas poseen un don natural, otras deben esforzarse mucho para conseguirlo. En este libro encontrarás consejos prácticos que, espero, te serán de utilidad. De forma general, no debes perder tu espontaneidad, ni esforzarte en actuar en base a un modelo que no te corresponde. Debes sentirte orgulloso de lo que eres y transmitir este orgullo a tus hijos.

Evidentemente, algunos consejos prácticos van dirigidos exclusivamente a una determinada categoría de niños, pero he tratado de profundizar en unos principios generales a partir de los cuales podemos establecer una serie de reglas que harán que padres e hijos se sientan más felices.

A medida que el niño va creciendo, las prohibiciones y las reglas deben modificarse. Por ejemplo, un horario muy estricto para las comidas o para la hora de dormir, sin duda fundamental para el bebé, puede seguir siendo beneficioso pero no imprescindible a lo largo de los años siguientes. Aunque existan varios modelos de familia, las grandes cuestiones y los problemas habituales siguen siendo prácticamente los mismos; por este motivo no he insistido en esos modelos dispares. Asimismo, suelo hablar de los padres, entendiendo que puede tratarse tanto de la madre como del padre, es decir, del lector.

¡Que disfrutes con la lectura!

Comer, dormir, lavarse, vestirse...

Siempre hay, a lo largo de nuestra infancia,
un momento en el que la puerta se abre
y deja entrar el futuro.

Graham Greene

Consejo n.º 1

Establece rutinas

Intenta establecer rutinas, sobre todo si se trata de un bebé, ya que éstas te permitirán evitar las tensiones. Los bebés y los niños se sienten reconfortados por los actos repetitivos. Por ejemplo, María es una madre más bien estricta. Le gusta que todo esté en orden, limpio, previsto, organizado, codificado. En cuanto nació su hija mayor, adoptó horarios estrictos para cada una de las actividades (comidas, siestas, horas de acostarse, salidas, juegos, etc.). Es algo exagerado, pero ofrece la ventaja de aportar seguridad a los más pequeños, darles estabilidad y tranquilidad.

Algunas actividades clave como las comidas y todo lo relacionado con el sueño deberían realizarse a horas fijas, sobre todo durante los primeros años de vida. Los niños sólo disfrutan de las sorpresas cuando sus necesidades básicas (sueño, alimento, cariño) han sido satisfechas.

Isabelle Leclerc

Consejo n.º 2

Las razones de su negativa a comer

Existen varios motivos que explican que un bebé o un niño se nieguen a comer. Debes tenerlas en cuenta antes de reaccionar.

1. No se encuentra bien, en cuyo caso no hay que forzarle a comer, ni creer que saltarse una comida es algo dramático. Puedes proponerle un zumo o bien postergar la comida para más tarde, cuando se encuentre mejor.

2. Si no está enfermo, intenta primero solventar el problema jugando al tren, al avión, al barco... en suma, utilizando los mismos trucos infalibles de tu propia infancia. Intenta recordar lo que hacían tus padres o tus abuelos, si tuviste la suerte de estar rodeada de gente imaginativa y creativa. Convierte la comida en un juego.

3. Puede ser que el pequeño rechace un alimento porque la última vez que lo probó estaba demasiado caliente, demasiado frío o demasiado condimentado. Debes intentar descubrir qué ocurre

realmente y dárselo a probar otra vez. Un alimento se compone de un sabor, un olor, una consistencia, un tipo de cocción, una presentación y un color. Deberás, pues, ayudarle a tener en cuenta varios factores para que consiga precisar lo que no le gusta.

4. El niño está sujeto a la influencia de su entorno. Si a sus hermanos, a sus hermanas o a uno de sus padres no les gusta el brócoli, es probable que declare —y crea— en un momento u otro que a él tampoco le gusta. En este caso, le puedes poner como ejemplo a otro miembro de la familia que sí aprecie el alimento de que se trate. Recuerda también que el tiempo suele arreglar las cosas.

5. No ha probado nunca este alimento y siente temor ante lo desconocido. Según tu filosofía de vida, insistirás o no. Si te empeñas en que lo pruebe, deberás tener paciencia, no lo presiones. Dile que deberá tomar una cucharada, tan sólo una cucharada y que, tras ello, te podrá decir si le ha gustado o no. Lo importante es que conserves tu paciencia y tu buen humor.

6. En algunos casos, puede rechazar un plato porque no distingue bien lo que contiene. La mayoría de los niños prefiere identificar perfectamente lo que hay en su plato en vez de comer un revoltijo de

varios alimentos. No olvides tampoco cuidar la presentación, es algo que despierta el apetito.

7. Puede ocurrir que haya comido demasiado entre horas.

Consejo n.º *3*

No le obligues a quedarse mucho tiempo en la mesa

Pues sí, la mayoría de los niños son movidos y no hay nada más pesado para ellos que tener que estar en el mismo lugar durante largo tiempo. Cuando empiece a comer con los demás, deja que se quede en la mesa sólo para un plato y pídele que vuelva después para el postre. Poco a poco, se irá acostumbrando. Convierte asimismo la comida en un momento agradable, es algo que ayuda mucho.

Consejo n.º 4

No modifiques el menú a su antojo

Evidentemente, puedes preparar lo que le gusta, pero si la comida ya está lista, no la cambies a petición suya. Es preferible que le propongas pensar en el menú del día siguiente o de otro día de la semana.

Consejo n.º 5

¡El niño debe dormir preferentemente en su cama!

Algunos padres duermen con sus hijos, otros no. Sobre esto no existen reglas estrictas pese a que, en nuestras sociedades occidentales, se tiende a pensar que esta cohabitación puede acarrear dificultades a largo plazo.

Lo más importante de todo es tener en cuenta que los hábitos de sueño se van consolidando y que a medida que el niño crece se van tornando más difíciles de modificar. Si prefieres que esté cerca de ti durante los primeros meses de su vida, es preferible que lo pongas a dormir en una cuna a tu lado, y no en la cama conyugal.

En esta cuestión es, sin duda alguna, preferible no dejarse dominar por el niño. Cuando el bebé llora en su cuna, podemos sentirnos conmovidos por su llanto y tener la tentación de ir a buscarlo; en este caso se trata de un acto reflejo. Sin embargo, es preferible limitarnos a hacerle mimitos, a cantarle una nana y a volver a irnos. Si nos quedamos un ratito más, es probable que el niño se duerma. Puede que insista para que te quedes, pero lo esencial es mantenerse firmes. Si ya tiene edad para levantarse por sí solo, deberás volver a acompañarlo a su habitación.

Si has dejado que tu niño duerma en tu cama y deseas poner fin a este hábito, recuerda que es posible cambiar las costumbres, aunque en algunos casos puede llevar su tiempo. ¡Ten confianza en ti, puedes conseguirlo! Los buenos hábitos se pueden adquirir a cualquier edad.

Consejo n.º *6*

Antes de dormir, cuéntale un cuento

Los cuentos narran a menudo la historia de una persona que debe resolver un conflicto. Una de las mejores formas de sanear el ambiente a la hora de irse a la cama consiste en ritualizar esta transición mediante la lectura de un cuento o contando una historia inventada por nosotros mismos. Esto le permitirá al niño centrar su interés en algo distinto a la etapa del sueño, que en ocasiones puede resultar algo angustiosa para él. Es de noche (está oscuro), se dispone a separarse de algún modo de los suyos. En efecto, en el sueño nos encontramos solos y, si lo pensamos detenidamente, el sueño puede equivaler para los más pequeños a una especie de pequeña muerte. Las historias acercan a niños y padres permitiéndoles vivir una experiencia común (ambos comparten la misma historia). El niño puede interesarse por lo que ocurre en otros lugares; puede incluso, mediante el cuento, resolver algunos conflictos internos.

Consejo n.º 7

Los terrores nocturnos

Se producen sobre todo entre los tres y los seis o siete años. Generalmente se asocian a la fase edípica de la vida del niño, es decir, al momento en el que se siente más unido al progenitor del sexo opuesto. Si le da miedo la oscuridad, en vez de ponernos nerviosos es preferible elaborar rituales que le aporten seguridad. Por ejemplo, le puedes contar una historia cada noche, lo que le ayudará a pasar de un estado activo a un estado pasivo. Piensa también en instalarle una pequeña lamparita en la habitación y en dejarle la puerta entreabierta de forma que pueda oírte desde su cama. Si lo desea, deja que juegue un momento solo antes de apagar la luz. Lo que importa es que le ayudes a desarrollar su capacidad para reconfortarse él solo.

Del mismo modo, tampoco debes intentar que no haya ningún ruido en la casa. Las conversaciones de sus padres, la televisión o la música pueden ser ruidos que le aporten seguridad. Le permiten saber que sus padres están cerca de él.

Consejo n.º 8

Anímale a que se lave solo

Tu niño está muy ocupado, está jugando y te gustaría que se lavara. Anúnciale tus intenciones diciendo: «Dentro de cinco minutos, es la hora del baño». También puedes motivarlo recordándole lo que ocurrirá después del baño: una comida que le gusta, un programa de televisión, una historia...

Después, cuando ya esté en el baño, ¡lograr que salga puede ser misión imposible! Una vez más, recuérdale que lo que le espera será igualmente muy agradable.

Consejo n.º 9

Respeta su sentido del pudor

Entre los cinco y los siete años, muchos niños se vuelven pudorosos. Respeta sus necesidades, con sencillez. Debes entender igualmente que el pudor que el niño desarrolla a esa edad se refiere tanto al pudor físico (el hecho de taparse, de no ir desnudo), como al pudor psicológico (el hecho de ser capaz de guardar algunos pensamientos para sí, de tener secretos).

Las distintas familias no proponen los mismos códigos cuando se trata del pudor. En algunas familias, el hecho de mostrarse desnudos puede resultar natural, mientras que otras eligen taparse. Más allá de las diferencias existentes en la cultura familiar, es preciso entender que el niño experimentará una cierta forma de alejamiento del grupo, sentirá la necesidad de pertenecerse a sí mismo, de desarrollar su individualidad y que es importante respetarlo.

Consejo n.º 10

Anímalo a que se vista solo

Hacia los dos o tres años, puedes pedirle que elija él mismo la ropa que va a llevar. Hacia los cinco o seis años, puede ser ya capaz de decidir por sí mismo lo que se va a poner, algo que puede despertar su gusto por vestirse. Dicho esto, las combinaciones de colores y de estilos pueden llegar a ser sorprendentes. Reacciona con sentido humor, en vez de querer controlarlo todo; está aprendiendo.

Felicítalo cuando se vista solo y hazle un cumplido cuando haya acabado. Para estimularlo, siempre puedes transformar la actividad en un pequeño reto: ¿cuánto tiempo tardará en vestirse?

Consejo n.º 11

No te obsesiones con los cambios físicos de tu hijo

Privar a un niño de alimento so pretexto de que come demasiado es mala idea, del mismo modo que lo es recordarle incesantemente que está muy desarrollado o que está demasiado delgado.

La mayoría de nosotros somos conscientes de los problemas del sobrepeso y de la obesidad en nuestra sociedad. Las víctimas de la comida basura son numerosas y, evidentemente, la mayoría de los padres quisieran evitar que sus hijos lo parecieran. Sin embargo, hacia la edad de once, doce o trece años, es frecuente que los jóvenes ganen un poco de peso. En algunos casos, esto nos puede ayudar a detectar un problema real ante el que hay que reaccionar; pero existe igualmente cierta tendencia en los padres y en el entorno familiar a obsesionase con el niño porque se desearía que fuese perfecto. Seguramente, ya habrás observado a algunos padres que vigilan todo lo que come su hijo, porque está un poco más rellenito respeto a los estándares imperantes. Evidentemente, es aceptable e incluso deseable ofrecer a los hijos buenos hábitos alimentarios, pero también hay que entender que al principio de la adolescencia, es natural que su cuerpo se modifique. De lo contrario, podríamos acomplejar fácilmente a un niño durante varios años vigilando demasiado lo que come o juzgándolo en base a unos criterios estéticos asociados a la moda. A menudo, es más por orgullo y por afán de ser como los demás por lo que los padres se empeñan en que su hijo se ajuste a criterios bien definidos. Sin embargo, los niños deben ir asimilando progresivamente los cambios hormonales que afectan de forma transitoria a su aspecto y, en ocasiones, a su peso. Evidentemente, este problema suele afectar en muy pocos casos a niños menores de doce años.

Si nosotros mismos comemos de forma equilibrada y tampoco estamos obsesionados con nuestro peso, hay pocas probabilidades de que esto se convierta en un problema mayor para nuestro hijo. Pese a todo, si estamos preocupados a causa de un cambio de peso repentino, ya se trate de al alza o a la baja, sigue siendo importante consultar a un médico. En estos casos, es preferible acudir primero a la consulta del médico solos, antes de que examine al niño.

Quiérelo

Un hijo es el regalo más hermoso.

Sabiduría hindú

Transmite a tu hijo el sentimiento de que es importante

Uno empieza a ser responsable cuando se siente querido. Establece tus prioridades. ¿Qué necesita tu hijo? Comida, un techo, ropa, cuidados sanitarios, educación, aprendizajes escolares y extraescolares (como el deporte, la plástica, etc.). Si no te sobra el dinero, deberás esforzarte para que a tu hijo no le falte de nada. No echará en falta todas aquellas otras cosas que no le podrás dar siempre que tenga amor en casa. Un amor incondicional, eso es todo lo que necesita, es decir, un amor que no esté basado en lo que hace, sino en lo que es.

Consejo n.º 13

Quiérelo ante todo por sí mismo y no por sus éxitos

Quizás esto sea en realidad lo que buscamos todos: sentimientos de amor dirigidos a nuestra persona y no a nuestras capacidades. No olvides este detalle con los niños. En efecto, al querer actuar del mejor modo y esperando que tengan éxito en la vida, los padres se olvidan a menudo de quererlos sencillamente por lo que son. Si valoramos principalmente sus habilidades, el niño aprenderá a actuar con el fin de seducir y de gustar. Tendrá entonces mayores dificultades para detectar sus propios deseos y su propio camino.

Consejo n.º 14

Diferencia la demanda de un objeto de la demanda de cariño

El niño, al igual que el adulto, puede expresar sus necesidades afectivas mediante el deseo de determinados objetos. Compramos un objeto para ofrecernos un dulce, para darnos placer, para cuidarnos. Regalamos un objeto para expresar a la persona a la que se lo damos que la queremos, que queremos su bien. Cuando recibimos un regalo, éste expresa generalmente un don de amor, una forma de gratitud.

En lo que se refiere a los regalos que se hacen a los niños, puede ocurrir que los adultos encuentren en ellos una forma de compensar carencias afectivas o el poco tiempo que le dedican efectivamente a su hijo. Es un peligro que nos acecha a todos como padres. En efecto, nos vemos incitados, por la cultura de nuestra sociedad (la publicidad), a creer que el amor se expresa ante todo a través de objetos. Sin rechazar necesariamente del todo la expresión de los sentimientos a través del objeto, es preferible ser conscientes de que el tiempo que dedicamos a nuestro hijo, las actividades que compartimos con él y las conversaciones que mantenemos siguen siendo herramientas tan valiosas como los regalos.

El objeto que se recibe es significativo, pero no debe tener preferencia sobre el afecto.

Las obligaciones de la vida

Hay que desobedecer muy a menudo
para tener una infancia decente.

Suzanne Paradis

Durante los primeros años de vida, el niño aprende a componérselas con algunas obligaciones: los horarios, la limpieza, la educación, el lenguaje... es un aprendizaje largo y arduo, pero nosotros podemos ayudarle.

Para asumir las obligaciones cotidianas

Nuestra vida está repleta de obligaciones. Los adultos las aceptamos con mayor o menor dificultad, pero los niños se ven obligados a integrar un número cada vez mayor de obligaciones, lo que no le resulta fácil. Tienen que lavarse, vestirse, comer, dormir, ir de aquí para allá... ¡cuando lo que les apetece realmente es seguir jugando! ¿Qué hacer para que el paso de una actividad a otra no resulte demasiado difícil? Pues simplificar y facilitar la tarea de niños y padres. He aquí algunas formas de hacerlo.

1. Mantente tranquilo y flexible. No siempre resulta evidente para los más pequeños entender todos estos cambios de actividades.

2. Avísale siempre por adelantado del cambio que se va a producir. Dile, por ejemplo, unos minutos antes de que llegue la hora: «Dentro de cinco minutos, empezaremos a comer», «Tan sólo faltan dos minutos para la hora del baño»....

3. Mentalízate de que el hecho de repetir es natural: él todavía no lo no sabe. Por ello, no te pongas nervioso cuando te veas obligado a repetir una consigna una, dos, tres o incluso diez veces.

4. Hazle ver las ventajas de lo que va a hacer. Por ejemplo, si se trata de darse un baño, dile que olerá bien, que estará guapísimo. Recalca los beneficios: cuando haya comido, entonces podrá ir al parque.

5. Haz que se implique en la obligación. Responsabilízalo. Por ejemplo, si ya puede vestirse solo, puedes elegir su ropa con él y después proponerle que se la ponga solito, como un niño mayor. Si todavía no es capaz de vestirse solo, puedes limitarte a jugar con él a elegir su ropa.

6. Ponle un reto. Convierte una obligación en un juego. Si ya puede vestirse solo, fija con él un límite de tiempo. Esto puede actuar como un estimulante.

En esos momentos en los que el deber nos llama (y en los que el niño empezará a entender poco a poco que algunas actividades son en realidad obligaciones), es preferible anunciarle lo que vamos hacer. Dile:

1. Lo que vais a hacer.
2. El orden en el que lo vais a realizar.
3. En cuánto tiempo lo vais a hacer.

Cuanto más claro y conciso seas, mejor te entenderá el niño.

Consejo n.º 16

Debes estar presente en los momentos clave de su jornada

Evidentemente, todos tenemos nuestras obligaciones y algunos padres tienen más que otros. Cuando el padre o la madre pueden estar presentes en uno de los momentos clave de la jornada del niño todo resulta muchísimo más fácil. Todos los momentos de transición de una actividad a otra forman parte de ellos; por ejemplo, la mañana (despertase, salir de casa), la tarde (la vuelta de la guardería, del colegio), la noche (el momento de tomar el baño, de ir a la cama). La hora de las comidas es igualmente muy importante porque brinda la ocasión de estar todos juntos. Los momentos que la preceden también pueden provocar cierta tirantez si el niño no tiene ganas de comer y prefiere seguir jugando.

Los momentos de transición son a menudo los más problemáticos para los niños, porque suponen que una actividad cesa y que empieza otra nueva. Hay que entender que los niños van familiarizándose poco a poco con el factor tiempo: pequeños, no viven más que en presente; éste es el motivo por el que en ocasiones reaccionan con mucha intensidad ante un cambio de actividad.

Consejo n.º 17

Los pequeños accidentes de la vida son naturales

Ha roto un vaso, ha derramado por descuido un líquido al suelo, ha perdido una cosa... No lo trates como si fuera un desastre. Cometer una torpeza tiene en sí mismo algo terrible, por ello no deberás meter el dedo en la llaga. Estos pequeños accidentes de la vida cotidiana forman parte de nuestra existencia. Además, resulta totalmente natural que el niño sea menos habilidoso que el adulto, dado que su desarrollo neurológico todavía no está terminado. Si observas que tu niño experimenta grandes dificultades en este particular, consulta a un especialista, pero no le riñas.

Consejo n.º 18

Recuerda que un "no" puede darle seguridad

No puedes darle todo, esto sería perjudicial para él. En el fondo, cuando le estás diciendo «no» a alguna demanda, le estás ayudando a salir de un sentimiento de poderlo todo, difícil de llevar, del que se irá liberando poco a poco (idealmente) a lo largo de los primeros años de su vida. El adulto debe ayudarle a entender poco a poco que no es ni todopoderoso ni tampoco impotente. Para ello, de cuando en cuando, es preciso decirle que «no» y mantenerse firmes en esta postura. A un niño, el hecho de que sus padres posean la autoridad le aporta mucha seguridad.

Hasta que cumpla los dos años, como madre o padre, te resultará seguramente fácil no darle todo lo que reclama desviando su atención sobre otra cosa, sobre otra actividad. Además, es la mejor forma de actuar, ya que no sirve de nada tratarlo con brusquedad.

Posteriormente, resulta algo más complicado, ya que no se deja engañar tan fácilmente. Pero, generalmente, un «no» asumido y claro suele ser entendido y respetado. Lo que desestabiliza a un niño son las dudas no expresadas, los dobles mensajes, ya que los caza al vuelo. Por este motivo, el «no» debe ser verdadero.

Consejo n.º 19

Es natural que reaccione ante la frustración

La experiencia de la frustración es necesaria, véase beneficiosa. Esto le permite al niño entender poco a poco que el mundo entero no gira a su alrededor.

Dicho esto, no se trata de levantarse cada mañana preguntándonos de qué modo vamos a frustrar a nuestro hijo para que pueda beneficiarse de ello. Las frustraciones se presentan por ellas mismas en forma de retrasos, de prohibiciones, de reglas.

¿Cuándo debemos decir que sí y cuándo debemos decir que no? Este es el quid de la cuestión. Dado que cada padre y cada madre son únicos, algunos son más flexibles, y otros, más severos. No sirve de nada querer conformarte a un modelo que no es el tuyo. Si te muestras flexible y no eres una persona autoritaria (o incluso si eres de esos padres que lo consienten todo), tendrás tendencia a obedecer todas sus demandas. En estos casos, lo importante es que tengas presente que todo se paga: si dices que sí una vez, deberás decir sí todas las siguientes. También es importante que te preguntes si tu flexibilidad no constituye en realidad una muestra de laxitud, ya que, en este último caso, podrías estar privándole de una disciplina interior que le sería muy útil a lo largo de su vida.

Si eres una persona estricta, tu primer reflejo consistirá en decir no a algunas demandas que, en sí mismas, no plantearían necesariamente ningún problema a padres más flexibles. El peligro que se presenta en estos casos es que podrías trasmitir a tu hijo el mensaje de que a menudo le resultará imposible obtener lo que desea. Dicho esto, correrás menos riesgos que el padre demasiado flexible, que consiente cualquier petición de su hijo.

Si eres consciente de tu temperamento, actuarás con coherencia, lo que le aportará seguridad a tu hijo. Lo importante es que no te obligues a ser quien tú no eres en realidad. Es algo que te compete sólo a ti. Lo importante es que el niño sepa con quién trata y a qué atenerse cuando realice un acto determinado. Si tu estado de ánimo es cambiante, colocarás al niño en una situación de conflicto perturbadora. Si interiormente eres una persona estable y coherente con actos, sabrás responder a las necesidades de tu hijo de forma que entienda qué se espera de él y cuál es su lugar en el mundo. Poco a poco, irá asumiendo que no es el rey del universo, pero que tampoco es la hormiga del universo.

Dicho esto, hay que recordar que cuanto más pequeño es un niño, más difícil le resulta entender que no ocupa todo el espacio. En realidad, es sólo a partir de los cuatro años cuando empieza a ser capaz de entender que la satisfacción de sus deseos puede quedar aplazada para más adelante. Antes de esta edad, no insistas demasiado. Aprenderá poco a poco a ajustar interiormente su mundo imaginario (aquel en donde él es el amo y señor) a las imposiciones de la realidad.[1]

Cuando nos convertimos en adultos, descubrimos todos que muy pocas veces existe una coincidencia perfecta entre nuestra imaginación y la realidad. Una de las funciones de los padres consiste precisamente en guiar al hijo de forma que entienda que no nos oponemos sistemáticamente a sus deseos y que muchas veces podemos ir incluso en su misma dirección.

---

1. Donald Winnicott habla de un conflicto doloroso.

Consejo n.º 20

No confundas
sufrimiento con frustración

Laura es tan pequeña y tan mona. Su mamá querría verla siempre feliz, sonriente, satisfecha, que no sufriera nunca... es totalmente natural.

Cuando somos padres de un niño muy pequeño, resulta muy fácil confundir la frustración (una privación temporal) con el sufrimiento. Evidentemente, si Laura ve cómo le niegan la *chuche* que acaba de ver en el mostrador de una tienda, existe el riesgo de que experimente una gran frustración, incluso de que tenga una pequeña crisis. ¡Tan sólo tiene dos años! Para evitar esto, su mamá o su papá quizás cedan a sus deseos, sintiendo su frustración e interpretándola, por un instante, como sufrimiento. Aunque este ejemplo puede resultar algo exagerado, lo cierto es que cuando vemos que nuestros hijos reaccionaron negativamente ante una frustración, es muy fácil que experimentemos nosotros también su sufrimiento, sin duda real pero poco profundo. Sin embargo, no es tan difícil decirles que no, explicarles: «Vamos a comer en seguida, tendrás una *chuche* después de la comida».

En sentido inverso, no acceder nunca a los deseos de un niño supone transmitirle que sus deseos no pueden ser satisfechos, algo que sería estúpido y perjudicial. Pero no por ello deben colmarse de forma sistemática todos sus deseos, ya que se volvería insaciable, permanentemente insatisfecho con lo que tiene y querría siempre un poco más. (Todos nosotros somos insaciables por naturaleza. Tan sólo la educación puede enseñarnos a postergar nuestros deseos, a entender el factor tiempo.) Lo mejor es optar por el término medio.

Ya seamos adultos o niños, si nuestros deseos y nuestras apetencias no se ven nunca satisfechos, acabaremos por considerar que la vida es una fatalidad, que no ocupamos ningún lugar significativo en el mundo; si se ven satisfechos demasiado rápido, nos convertiremos en personas consentidas.

Consejo n.º 21

Enséñale a aceptar el aplazamiento de la satisfacción de algunos deseos

Si complacemos siempre al niño acatando sus deseos lo más rápido posible, quizás estemos preservando la tranquilidad y la armonía del momento presente, evitando rabietas y llantos, pero es algo que nos puede costar caro a largo plazo. Nos veremos en este caso cada vez más solicitados para satisfacer los deseos del niño. El bebé y el niño tienen deseos que quieren ver satisfechos inmediatamente. Hay que hacerles entender que esto no siempre es posible de forma inmediata, que algunos casos requieren tiempo… ¡su tiempo! Al enseñarle a controlar sus deseos le estaremos dando una herramienta muy eficaz para su vida adulta.

Consejo n.º 22

Una mascota

Antes de tener un animal compañía lo que es importante tener en cuenta es que ¡son los adultos los que se ocupan de ellos! Si esta idea te seduce, su presencia en la familia siempre es algo positivo.

Concretamente, si tu hijo pasa una semana en casa de mamá y otra en casa de papá, un animal de compañía que se desplace con él podrá reconfortarle y aportarle seguridad. Si siempre vive en la misma casa, no deja de ser menos cierto que la relación con un animal le aportara valiosos momentos de felicidad.

Las reglas familiares

La infancia sabe lo que quiere.
Quiere salir de la infancia.

Jean Cocteau

Por afán de ser generosos, tiernos y bondadosos, algunos padres pueden tener tendencia a olvidarse de sí mismos en beneficio de sus hijos o a olvidar que la buena marcha de la vida familiar se basa en el respeto de algunas convenciones. No se trata de realizar listados de reglas, pero las reglas (que podríamos denominar *hábitos*) permiten fijar unos límites que servirán ante todo a proteger al niño, pero igualmente a preservar el equilibrio de los padres y de la familia en su conjunto.

Consejo n.º *23*

Establece reglas

Establecer reglas no supone necesariamente algo coercitivo, es sencillamente poner unas balizas que todo el mundo entienda, de forma que la vida cotidiana resulte simplificada. Todos los padres tienen su propio umbral de tolerancia, sus valores, sus creencias, y actúan correctamente al establecer algunas reglas, no excesivamente numerosas (de este modo resultarán más fáciles de ser memorizadas), pero que deben ser conocidas por los niños.

Para decidir las reglas familiares, plantéate algunas preguntas sobre los diversos aspectos de la vida en casa. Por ejemplo, ¿es importante para ti que tu hijo se coma todo lo que hay en el plato, aunque debas poner-le un plato más pequeño? ¿Es importante para ti que recoja sus juguetes antes de comer? ¿A qué hora debe-ría estar en la cama para sentirse en forma al día siguiente y para que tengas un poco más de tiempo para ti? Es aconsejable que te formules muchas pre-guntas, que veas cuál sería el punto de equilibrio ideal y que establezcas las normas en consecuencia, evitan-do así futuros imprevistos.

Las reglas evitan un cuestionamiento perpetuo; por este motivo, tienen un componente reconfortante y tranquilizador.

Consejo n.º 24

Recuerda que las reglas caerán tarde o temprano en desuso

Cuando instauras una regla en casa, ésta debe ser útil para el niño. Con dos años, por ejemplo, sabes que tu hijo necesita aproximadamente 12 horas de sueño y por este motivo le pones a hacer la siesta. La siesta se convierte, pues, en una regla. Dicho esto, hacia el final de su tercer año, si el pequeño sigue haciendo la siesta, es posible que la hora de irse a la cama por la noche se convierta en algo problemático, por la sencilla razón de que el niño ya no necesitaba hacer siesta. La regla de la siesta debería entonces quedar derogada.

Al modificar las reglas a medida que el niño va creciendo, las ocasiones de conflicto serán mucho menores. Además, teniendo bien presente que la mayoría de las reglas familiares están llamadas a perder su razón de ser, te resultará más fácil aceptar que el tiempo las vaya modificando.

Consejo n.º 25

Cambia las reglas en el momento propicio

No es casual que tengamos la costumbre de tomar buenas resoluciones al principio del año, porque se trata, en nuestra mente, de un momento de transición. Caterina tiene cuatro años, la siesta ya no la beneficia, incluso la perjudica a la hora de irse a la cama. Evidentemente, la transición se realiza de una forma bastante natural: un día hace siesta; al día siguiente, no, y si todo transcurre sin ningún problema, no existirá ninguna necesidad de plantearse cuál es el momento más adecuado para derogar la norma. Sin embargo, generalmente resulta más fácil aplicar un nuevo hábito en el momento en el que los rituales cotidianos se modifican, por ejemplo, durante las vacaciones, las fiestas o los cambios de estación.

Si deseamos empezar a inculcar a un niño de cuatro años la costumbre de hacerse la cama, la podremos presentar más fácilmente como un juego durante el verano, ya que es la época en la que solemos tener menos prisas y en la que todo el mundo acostumbra a tener más tiempo.

Para enseñarle a Guillermo a hacerse la cama, su padre esperó a que llegaran las vacaciones en el campo. Hizo la cama con su hijo durante los primeros días; ¡después le propuso que la hiciera solo, como un niño mayor! De este modo, al final de las vacaciones la idea ya estaba consolidada y el hábito creado. De todas formas, tuvo que comprobar que este hábito se siguiera respetando tras la vuelta a casa.

Consejo n.º 26

No abuses de las prohibiciones

Aunque resulte útil y necesario que existan reglas en casa, no hay que imponer un número excesivo de normas al niño, quien por otra parte tampoco podría memorizarlas todas. Cuanto menos numerosas sean las reglas, mayor será su valor. De este modo, todo el mundo las conocerá, ya se trate de padres o de niños, y nadie las olvidará.

Consejo n.º 27

¡Organiza tu espacio!

Puede ocurrir que no desees que tu hijo vaya a ciertos lugares de la casa, ya sea por la presencia de objetos delicados o bien de productos peligrosos para él. En este caso, es preferible optar por decirle que no entre en determinada habitación sin ti o bien colocar esos objetos lo más alto posible, con el fin de disminuir al máximo el riesgo de accidentes peligrosos.

Consejo n.º 28

Las reglas deben beneficiar al niño

Las prohibiciones permiten a los padres respirar un poco, pero existen ante todo para proteger al hijo contra los peligros, para ayudarle a vivir mejor, y no para asfixiarle.

El miedo

Lo esencial en la educación
no es la doctrina inculcada, sino el despertar.

Ernest Renan

Sobre el miedo

El miedo es una emoción que tiene su lugar importante en nuestras vidas, ya que nos avisa de los peligros y nos impide actuar con excesiva temeridad. Del mismo modo, cuanto menos sepamos de un tema, más miedo podemos tenerle; por ello, resulta totalmente natural que los niños tengan sus miedos.

Es más, algunas edades resultan especialmente propicias para las pesadillas. En efecto, hacia los cinco, seis y siete años, los niños atraviesan un período delicado en este particular.

También es cierto que algunos niños experimentan un mayor número de miedos que los demás. En este caso, el padre o la madre deben prestar atención a sus propios miedos y a los de su pareja con el fin de detectar si no se trata de miedos inculcados. Igualmente, unos abuelos de temperamento asustadizo pueden llegar a influenciar al niño, de tal modo que éste acabe siendo más miedoso de lo normal.

Dicho esto, los niños pueden tener perfectamente sus propios miedos sin ayuda de los padres. Igualmente, si un niño es miedoso, sus padres pueden verse tentados a presionarle para que supere sus miedos, en un momento que no siempre es el más apropiado. Es preferible acompañar al niño más que forzarlo. Por ejemplo, unos padres llevan a sus hijos al parque de atracciones imaginando que todos se lo van a pasar en grande, pero descubren que uno de ellos no desea en absoluto arriesgarse a subir en las atracciones. En estos casos, podemos proponer acompañarle o bien dejarle que observe la escena explicándole lo que está sucediendo. Por principio, siempre hay que respetar sus miedos; sabrá superarlos en el momento y en el lugar adecuados.

Consejo n.º *30*

Entiende el miedo que provoca la primera separación

Entre los ocho y los doce meses, el bebé descubre la angustia de la separación. La marcha de sus padres (o de figuras cercanas) lo pone en situación de peligro.

Teme perderlos para siempre. Poco a poco irá asimilando que éstos pueden irse y después volver.

Debido a la inseguridad en la que vive, las personas que no conoce o que conoce poco le dan miedo. No es nada raro que empiece a llorar o que desvíe la mirada cuando un desconocido le dedica una bonita sonrisa.

Igualmente, puede llegar a creer que aquello que no ve ha dejado de existir. Algunos niños cierran los ojos delante de sus padres cuando han hecho algo indebido; de este modo, cree que desaparecen.

A causa de este cambio de percepción, el bebé es susceptible de volverse de pronto más ansioso que durante los meses anteriores y cuando esto ocurre los padres pueden empezar a tener dudas y a preocuparse. Tan sólo hace falta que las personas cercanas sean conscientes de lo que está ocurriendo y que le recuerden siempre al bebé: «me voy, pero volveré dentro de una hora, o a última hora de la tarde». Después, cuando vuelvan, es importante que le hagan entender al bebé: «he vuelto...» o «mamá está de vuelta». Lo fundamental, a esta edad, es aportar seguridad al pequeño. Las palabras pueden parecer superfluas, pero no lo son.

Escucha, habla, explica

A cualquier edad, el ejemplo tiene un poder sorprendente; durante la infancia, el ejemplo lo puede todo.

Fénelon

Desde que nace, el hecho de hablar a (y con) tu bebé reforzará los lazos afectivos. Aunque no entienda exactamente lo que le estás diciendo, o ponga cara de pensar que le estás hablando en chino, tu voz y tu entonación constituyen ya de por sí toda una forma de comunicación. Suele ser hacia los nueve meses cuando pronuncia sus primeras palabras... nos compete entonces a nosotros enseñarle el mundo comunicándonos verbalmente con él y transmitiéndole lo que sabemos.

No olvides tampoco escucharle. Tal como cantaba el grupo canadiense Harmonium: «Hemos traído a alguien al mundo, quizás deberíamos escucharle».

Consejo n.º 31

Habla sin parar e... ¡interrumpe a los demás!

El niño, por definición, quiere aquello que desea *ya*. Los padres le irán enseñando con el tiempo a diferir la realización de algunos deseos. Hacia los cuatro años, el niño habla mucho, pregunta constantemente e interrumpe frecuentemente a los demás. Lo que sucede es que *tu niño desea conocer mejor el mundo que le rodea y ésta es su forma de explorarlo, manteniéndose en contacto contigo.*

En cuanto a sus continuas preguntas, contesta con sinceridad, responde en función de lo que tú conoces. En caso contrario (algo que ocurrirá sin duda), díselo sencillamente. No mientas si te plantea una pregunta embarazosa (íntima, por ejemplo), pero tampoco te sientas obligado a extenderte sobre el tema.

Si tu pequeño te plantea preguntas acerca de la muerte, sobre Dios, sobre el nacimiento, dile lo que sepas y lo que creas que eres capaz de compartir con él. Habla con sencillez.

También deberás enseñarle a no interrumpir una discusión o una actividad. Si te interrumpe (y sin duda así lo hará), explícale sencillamente que estás ocupado realizando una actividad que exige concentración o que estás hablando con alguien.

Dicho esto, nada impide que establezca un código común que le permita entender que has tomado nota de que quería hablarte o bien que le digas que estarás pendiente de él dentro de unos minutos. No le exijas demasiado si es muy pequeño, ya que no lo entendería.

Consejo n.º *32*

Explica, ¡pero sin exagerar!

A Ángela le gusta entender el significado de todo lo que hace, ya que cuando era pequeña sufrió por la falta de explicaciones. Cuando a su vez fue madre, se empeñó en explicar lo antes posible a sus hijos los motivos de sus actos, de sus decisiones, de las reglas que establecía. Resultado: un buen día, su hijo le rogó que dejara de explicar. ¡Fue entonces cuando entendió que las explicaciones están muy bien, pero que no hay que exagerar!

Por lo tanto, deberás explicar con concreción y de forma sucinta. En ocasiones, el niño no desea saber lo que se espera de él, tan sólo quiere que le pongan balizas: «Dime lo que tengo que hacer, no me digas el porqué».

Pese a todo, no olvides que aquellas reglas cuyo sentido o ventaja no entendemos tienen menos posibilidades de ser respetadas. No hay ninguna necesidad de extenderse largamente sobre las decisiones que tomamos, y tampoco de justificarlas profusamente. Los padres son los que tienen la autoridad, y el niño se encuentra reconfortado si ésta se manifiesta de forma amorosa y respetuosa.

Consejo n.º *33*

Hazle ver a tu hijo las consecuencias de sus actos

Aunque es innecesario explicarle todo, a medida que el niño va creciendo puede resultar útil hacerle ver las consecuencias de sus elecciones, de sus actos. Sin sentirse obligados a emplear la palabra «consecuencias», es beneficioso hacerle ver que cada acto tiene efectivamente una serie de consecuencias, que pueden ser tanto positivas como negativas. Cuando un niño de dos años consigue vestirse solo, demuestra de este modo que es mayor y autónomo. Es preciso felicitarlo y animarle a que lo vuelva hacer, hacerle ver que podrá, por ejemplo, elegir el color de su camiseta o la ropa que llevará.

Consejo n.º *34*

Hazle entender cuáles son sus intereses

Nadie actúa sin interés. Si el niño entiende el provecho que obtendrá en la realización de determinada tarea, la tuya se verá facilitada en gran medida. Hasta los niños funcionan de este modo, por lo tanto no dudes en hacerles entender cuáles son sus intereses hablando con ellos. Evidentemente, no se trata de recurrir al interés puro y duro, también es preciso hacerles entender que existen actos gratuitos y altruistas.

Consejo n.º *35*

Anima a tu hijo a que se exprese

Si te das cuenta de que tu niño está perplejo, triste o enfadado, intenta que exprese a su modo lo que está sintiendo. Puedes ayudarle a verbalizarlo, a dibujarlo, a representarlo con mímica... en función de la forma que le resulte más cómoda. Es un regalo muy bonito que puedes hacerle, ya que en ocasiones callamos algunos sentimientos, como si fueran vergonzosos. Por ejemplo, un día u otro experimentará celos, envidia, vergüenza, incomodidad... Anímale a hablar de estos sentimientos, con ello podrá entender que estas emociones resultan naturales y que forman parte de todos nosotros.

Consejo n.º *36*

Repite, repite... sin perder la paciencia

Muchos padres se quejan de que deben repetir siempre las mismas órdenes y de que no se les escucha. Sin embargo, si nos tomamos el tiempo de reflexionar sobre este particular, veremos que es totalmente natural que debamos repetir una y otra vez, ya que el niño está aprendiendo cosas nuevas.

Por ejemplo, Boris, de cinco años, se olvida sistemáticamente de lavarse los dientes. Su madre ya está harta de repetirle las mismas consignas todas las mañanas y todas las noches. Cada vez que se lo repite, se pone nerviosa.

Si en vez de alterarse, tomara el tiempo de darse cuenta de que a medida que va pasando el tiempo lo va repitiendo menos veces, ¡se daría cuenta de que hay una evolución positiva!

De este modo cuanto, cuando el padre de Elena deseaba que, al volver del colegio, ésta se acostumbrara a dejar la mochila en su habitación en vez de en la entrada, se lo repetía todos los días... hasta que llegó un día en que no tuvo que repetírselo más. No se puso nunca nervioso, sabía sencillamente que era necesario decírselo y volverlo a decir, sin tomárselo como una fuente de exasperación.

Enseña, guía, transmite

Nuestro instinto debería ser
nuestra principal guía.

Björk

Enséñale antes de exigirle responsabilidad

Como padres, queremos hacerlo lo mejor posible, algo que resulta totalmente natural. Una de las formas de comprobar que hemos tenido éxito, consiste en observar el modo en como el niño actúa y reacciona. Así, por ejemplo, cuando el niño es bastante autónomo desde sus primeros años de escuela, los padres se sienten orgullosos.

Sin embargo, en ocasiones olvidamos esa verdad tan sencilla que consiste en enseñar antes de responsabilizar. No podemos pedirle a alguien que realice tal o cual gesto si antes no nos hemos tomado la molestia de enseñárselo. Enseñar consiste en descomponer y simplificar cada etapa del acto, repetir, verificar y repetir una vez más.

Consejo n.º 38

Ayúdale a desarrollar su confianza en sí mismo

Una de las herramientas más valiosas que puedes dar a tu hijo es la confianza en sí mismo. Se trata incluso de algo indispensable. Y una de las mejores formas de incitar a tu hijo a desarrollar su autoconfianza consiste en desarrollar primero tu confianza en ti mismo. Es algo que puede parecer muy obvio, pero no por ello deja de ser menos cierto. Cuando la hija de doce años de Olga se encontró a las puertas de la adolescencia, empezó poco a poco a cuestionar a su madre, dudando abiertamente de sus capacidades. Olga se sintió algo sorprendida y desconcertada. Se preguntaba qué hacer, cómo reaccionar. Una amiga le susurró entonces en el oído: «Si no desarrollas tu confianza en ti misma, las vas a ver de todos los colores durante los próximos años». Gracias a esta sencilla observación, Olga encontró la forma de modificar su percepción de sí misma y de desarrollar su autoconfianza. Un terapeuta la ayudó a efectuar ciertos cambios.

Consejo n.º *39*

¡Enséñale a ver la continuidad!

Poco a poco, al filo de los días, de los meses, de los años, deberás enseñarle a tu hijo a ver más allá de la punta de su nariz. No se trata de hacerle ver las consecuencias de sus actos únicamente en aquellos casos en los que son inadecuados, sino de enseñarle concretamente que cada uno de sus actos se inscribe en una continuidad. Cuando realizamos un gesto, éste ejerce sus consecuencias sobre el futuro. Al hacerle ver de cuando en cuando (no se trata de insistir) los resultados de un acto a largo plazo, le estarás dando la oportunidad de entender mejor la vida. Le estarás enseñando a realizar elecciones acertadas.

Consejo n.º 40

Adáptate a los cambios generacionales

Algunas reglas no cambian al filo de las generaciones —por ejemplo, la mayoría de los bebés experimentan un período de afirmación a los dos años—, mientras que otras se van modificando. Evidentemente, las jovencitas de hoy en día llevan el ombligo al aire, mientras que el día de mañana llevarán zapatos con plataforma u otras excentricidades de la moda. No debemos conformarnos ante ello como si se tratara de una fatalidad, sino más bien permanecer curiosos como padres ante todo aquello que les gusta a los jóvenes. Igualmente, las tecnologías se modifican a gran velocidad, lo que hace que los jóvenes tengan acceso a una realidad virtual que ninguno de los padres de hoy en día ha conocido anteriormente. Nosotros no vivimos nuestra infancia en su mismo mundo.

Cuanto más abiertos nos mostremos ante las novedades y los cambios, mayores serán nuestras posibilidades de ayudar a nuestros hijos a sentirse cómodos en el mundo y mayores serán también nuestras posibilidades de permanecer en contacto con ellos.

Sobre el juego

La infancia, consiste en creer
que con un árbol de Navidad y tres copos
de nieve toda la tierra puede cambiar.

André Laurendeau

El juego es el trabajo del niño

Del mismo modo en que valoramos el hecho de que juegue solo, también es importante que juegue con otros niños. Evidentemente, dado que todos hemos tenido una experiencia distinta y poseemos nuestro propio temperamento, privilegiaremos cierto tipo de actividades. Puesto que el juego es el trabajo del niño, no debes dudar en enseñarle todo tipo de formas de jugar, para que pueda elegir la que prefiera y también para que pueda acomodarse a las distintas modalidades. Jugando con los demás, aprenderá a cooperar; solo, aprenderá a no aburrirse.

Algunos juegos enseñan métodos, reglas; otros, en cambio, permiten desarrollar la creatividad. Es bueno diversificar los juegos. Pero no obligues a tus hijos a jugar a juegos que no les gustan. Haz que los descubran, pero no los fuerces.

Consejo n.º 42

Juega con tu hijo

La mejor forma de hacer feliz a tu hijo consiste en jugar con él. Los juegos pueden consistir en juegos tradicionales de mesa, de rol, de Lego, o bien en dar volteretas con tu ayuda. Jugar es una de las mejores formas de acercarte a tu hijo y de pasar un buen momento con él. Evidentemente, a veces nos falta tiempo, pero siempre podemos encontrar unos minutos al día para dedicarlos a jugar con él.

Consejo n.º 43

Se aprende mucho a través del juego

Jugar a las cartas o a cualquier otro juego de sociedad con los niños constituye una excelente forma de inculcarles la noción de las reglas, de los roles y de la justicia (cada uno juega cuando le toca).

Todos los juegos de sociedad desempeñan, en cierto modo, esta función.

Mediante los juegos creativos, el niño expresa y cuenta lo que está viviendo; por su parte, el deporte estimula la circulación de la energía física.

Consejo n.º 44

Controla las horas de tele y de ordenador

Es preferible controlar las horas de televisión y de juegos frente al ordenador a descubrir que es demasiado tarde y que es la televisión o el ordenador quien los controla a ellos. La televisión puede calmarlos, relajarlos e incluso enseñarles todo tipo de cosas, pero los excesos no resultan nunca beneficiosos. Además, instalar un aparato en la habitación de los niños sigue siendo una idea peligrosa, una elección que es mejor descartar, ya que merma su actividad.

Consejo n.º 45

Impulsa a tu hijo a realizar una actividad física

Los jóvenes tienen mucha energía y una buena forma de canalizarla consiste en gastarla. El deporte sigue siendo una de las mejores formas de liberar tensiones, de divertirse, sin contar con que el deporte en grupo favorece a su vez la vida en sociedad y el respeto de las reglas. En suma, como padres, debemos tener en cuenta que la práctica de un deporte sólo puede aportar beneficios a nuestro hijo.

Consejo n.º 46

Sobre los regalos

Vivimos en una época en la que nuestros hábitos de consumo están llamados a evolucionar. Durante la etapa de educación del niño, es posible e incluso probable que nos demos cuenta de que los hábitos de consumo de las fiestas de Navidad, por ejemplo, ya no nos convienen. Dado el estado del planeta, aprenderemos todos, de forma más o menos gradual, a ofrecer y a recibir menos regalos y a centrar nuestra atención en el placer de reunirnos. Si cuando son muy pequeños acostumbramos a los niños a que las fiestas no significan necesariamente gastos extraordinarios, y si no viven en un entorno en el que los niños de su misma edad reciben montañas de regalos, esto resultará relativamente fácil.

Deberás privilegiar, pues, los embalajes, las cartas, todo aquello que rodea al regalo, de forma que el objeto no ocupe todo el lugar. El tiempo que dedicamos a preparar un regalo es significativo y siempre resulta grato recibir un regalo envuelto de forma divertida.

Para «desmaterializar» las fiestas de Navidad, es preferible proceder por etapas, es decir, a lo largo de un período prolongado, en vez de decretar de un año para otro que se acabaron los gastos desmesurados.

También podemos hacer circular los regalos que hemos recibido a lo largo de los años anteriores, sobre todo para los más pequeños.

Sobre la autonomía

La autonomía consiste en darse a uno
mismo, en relación con el otro, una ley,
en vez de recibirla de la naturaleza
o de una autoridad externa.

Antoine Spire

La autonomía es el objetivo que debemos perseguir a largo plazo. Significa la independencia, la capacidad del niño para asumirse y ocuparse de uno mismo, y después de los demás. Nuestro objetivo debería consistir, pues, en lograr que sea autónomo.

Consejo n.º 47

Entiende el significado del "no" de tu hijo

Entre los dieciocho meses y los dos o los tres años, el niño atraviesa la fase clásica del «no». Evidentemente, se trata de una etapa bastante ardua para los padres: su autoridad se ve constantemente cuestionada, lo que resulta irritante y agotador. De hecho, el niño experimenta la necesidad de oponerse porque se está convirtiendo en él mismo; y convertirse en uno mismo, es algo que se realiza siempre comprobando hasta qué punto podemos oponernos a las personas que tenemos más cerca, es decir, a aquellas que antes teníamos como modelo. El niño intuye que es un ser separado;

ejerce ese yo oponiéndose a los adultos e incluso a los niños con quienes convive. ¿Cómo debemos reaccionar? Evidentemente, es preciso cuestionarnos cada vez que va adquiriendo mayor autonomía: ¿está realmente listo para realizar ese acto solo? Por este motivo, es preciso observarlo de reojo, en vez de insistir en hacerlo en su lugar, o peor aún, impedirle actuar.

El niño empieza a experimentar, lo prueba todo, lo toca todo; en suma, se interesa por todo lo que le rodea. Su afición por descubrir es inagotable.

Él «no» de un niño de esta edad es un «no» que significa que quiere hacer las cosas por sí mismo y no obedeciendo a alguien.

Si durante el período del «no», nos empeñamos en privar al niño de su nueva capacidad para oponerse, estaremos propiciando una situación catastrófica. Es preferible ayudarle a franquear esta etapa de afirmación de sí mismo. Se tratará entonces de animarle para que adquiera mayor autonomía, pero sin dejarle hacer aquello para lo que no está todavía preparado. Recuerda siempre que su «no» significa en realidad una necesidad de autonomía. Si no te obsesionas con sus negativas, verás cómo las cosas resultan mucho más sencillas.

Consejo n.º 48

En materia de autonomía, ¡opta por el término medio!

Nuestra sociedad valora en gran medida la autonomía de los niños y de los jóvenes; los padres de un niño autónomo se sienten en cierto modo más tranquilos, tienen menos inquietudes que los de un niño que se desenvuelve solo con dificultades. Sin duda, tienen menos quebraderos de cabeza sobre su labor como padres.

Pese a ello, cada niño irá adquiriendo su autonomía a su propio ritmo y no sirve de nada forzar los ritmos, ni en un sentido ni en el otro.

Consejo n.º 49

No confundas autonomía con abandono

La autonomía tiene muy buena fama, nos sentimos orgullosos de tener un niño «autónomo», espabilado, que hace lo que tiene que hacer, que saca buenas notas o que se comporta de forma «adecuada». Claro está, cuando un niño es verdaderamente autónomo, suele ser un signo de que el aprendizaje del acto respecto al que ha demostrado su independencia y sentido de la responsabilidad ha sido efectivo, ha sido asimilado. Sin embargo, puede ocurrir que, para tener el sentimiento de libertad (recuperada), los padres empujen al niño o al adolescente hacia una autonomía para la que realmente no están preparados.

Algunos padres desean que su hijo integre algunos aprendizajes algo antes de lo que realmente es posible. Adriana no entendía como su hija podría seguir confundiendo la «s» y la «c» cuando hacía sus deberes con ella, no lograba encontrar el motivo por el cual esta diferencia no le entraba en la cabeza; para su madre, la pequeña tenía que haberlo entendido, ya que le había repetido las reglas infinitas veces. Pues sí, tan sólo se trata de esto: sencillamente hay que repetir, sin perder la paciencia, y sobre todo sin preocuparse por el hecho de que nuestro hijo no sea perfecto en ortografía. Se trata de un aprendizaje largo y arduo. Por lo tanto, es preferible interesarse por las cosas que ya ha aprendido, en vez de por aquellas que va adquiriendo muy lentamente.

Consejo n.º 50

Anima a tu hijo a actuar por sí mismo, ¡incluso cuando eso te haga perder tiempo!

Los padres jóvenes suelen estar sobrepasados por las obligaciones, algo que puede provocarles impaciencia. Cuando deseamos que una actividad sea completada rápidamente, podemos sentir la tentación de realizarla en lugar del niño, algo que no le ayuda. Para conseguir que tu hijo sea autónomo, no hay que encomendarle tareas que no está todavía capacitado para realizar solo, ni tampoco hacerlo todo en su lugar.

No todos los niños tienen los mismos ritmos de aprendizaje ni son igual de despiertos.

Consejo n.º 51

Enséñale a identificar sus necesidades

Motivados por el afán de que nuestro o nuestros hijos sean felices, puede ocurrir que vayamos por delante de sus necesidades y de sus deseos. Aunque intuyamos sus necesidades por experiencia, es preferible quedarnos tranquilos y dejar que el niño se exprese.

Evidentemente, en lo que se refiere a las comidas o al sueño cuando son muy pequeños, debemos preocuparnos antes que él. En este caso, podemos esperar a que la necesidad se exprese, pero es preferible estar listos a una determinada hora: de este modo, cuando el niño tenga hambre, la comida estará prácticamente lista.

Es importante que aprenda a verbalizar y a expresar sus necesidades, porque esto le resultará útil más adelante. Entenderá que su humor es cambiante porque tiene hambre o porque está cansado.

La persona que es capaz de verbalizar sus necesidades está en mejores condiciones para darles respuesta.

¿Cuáles son sus necesidades? Comer, dormir, descansar, estar en compañía de otros, querer, jugar, correr... Si no satisface sus necesidades, se vuelve taciturno, colérico, agresivo... Por lo tanto, uno de los mejores favores que le podemos hacer al niño, consiste en aprenderle a detectar la necesidad que esconde un sentimiento de vacío, de tristeza, de enfado, etc. Dicho esto, no siempre es fácil conseguirlo, ya que puede ocurrirnos hasta a nosotros, ya adultos, que no consigamos detectar nuestras necesidades de sueño, de descanso o, incluso, nuestra necesidad de comer.

Nos ponemos entonces de mal humor y nos preguntamos por qué. Enseñar a un niño a prestar atención a sus necesidades le será útil a lo largo de su vida. Algunas personas experimentan, por ejemplo, mayor necesidad de tranquilidad y de soledad que otras; algunas reaccionan intensamente a la necesidad de dormir o de comer.

Consejo n.º 52

Dale a tu hijo responsabilidades a su medida

A medida que va creciendo, pídele que realice tareas que le hagan responsable. Esta responsabilidad no debe ser ni demasiado grande y demasiado pequeña. Es preciso evaluar, antes de confiable una tarea, si será capaz de asumirla, si no es demasiado infantil o por el contrario demasiado difícil.

Consejo n.º *53*

Si pide mayor autonomía, suelta lastre

Grosso modo, existen dos principales etapas de conquista de la independencia, véase: la que denominamos el «no» de los dos años y la adolescencia o preadolescencia. Durante estos dos momentos de transición de la vida, los padres suelen sentirse sobrepasados porque no entienden demasiado lo que está ocurriendo. Sin embargo, es relativamente sencillo: el niño o el joven sienten cómo van ganando independencia, quieren actuar por sí mismos y toleran con dificultad la ayuda de los padres.

Lo que entraña una complicación añadida es cuando el niño o el joven desean realizar solos aquello para lo que todavía no están preparados. La situación resulta todavía más compleja en aquellos casos en los que el niño realiza una pequeña regresión y ya no desea desenvolverse solo, experimentando la necesidad de volver a sentirse de nuevo pequeño. Se produce entonces una voluntad de crecer entremezclada con el deseo de seguir siendo pequeño. Los padres deben entender este conflicto y adaptarse al mismo de forma inmediata. Resulta natural, pues, que se produzcan momentos de crisis durante estas transiciones, pero si los padres son conscientes de que se trata de un paso hacia la autonomía, pueden reaccionar de forma adecuada, sin preocuparse excesivamente por ello.

Las rabietas y las tormentas del corazón

El corazón de un niño es grande.
El tiempo se transforma en su corazón
en espacio.

Michel Jonasz

No existen las rabietas antes del año

Antes de que el niño cumpla un año, no vayas a imaginarte que tiene rabietas. Tu función consiste ante todo en alimentarlo, acunarlo, tranquilizarlo, cogerlo en brazos, reconfortarlo y aportarle seguridad. Después del año, todos estos actos siguen siendo importantes, pero el bebé va adquiriendo poco a poco su propia autonomía. Resulta, pues, posible, e incluso probable, que te desafíe.

El bebé no tiene rabietas, simplemente se expresa a su modo, y sin lenguaje, por lo que no le resulta siempre fácil lograr que le entiendan. Si le duelen las encías, tan sólo puede gimotear, llorar, gritar. Si tiene hambre (cuando está preparado para comer alimento sólido), siempre puede intentar coger el trocito de pan que sostienes en la mano, pero si no entiendes lo que desea, se verá obligado a hacértelo entender a su modo. Por lo tanto, ni se te ocurra pensar que se trata de una rabieta e intenta entender su lenguaje.

Consejo n.º 55

Si está gruñón, averigua si tiene hambre o sueño

Es un hecho que a veces tendemos tendencia a olvidar, incluso cuando el hijo se encuentra en puertas de la adolescencia. Antes de preguntarnos por los motivos más remotos de una crisis, es preferible averiguar si el niño no tiene sencillamente hambre o sueño.

Consejo n.º 56

Si grita, llora o gimotea, intenta distraerlo

Evidentemente, a partir de cierta edad te costará desviar su atención hacia otra cosa. Pero cuando es pequeño, distraerlo es bastante fácil, excepto cuando existe un verdadero problema.

Si grita, llora o se empecina en obtener algo que no quieres darle, dirige su atención hacia otra cosa, haz que hable su peluche favorito, dale un objeto que no haya visto nunca. El bebé puede cambiar fácilmente su centro de interés.

Consejo n.º 57

Enfado o tristeza, no hay nada como tus brazos

El bebé o el niño que se ha enfadado mucho se siente perdido, necesita sentir una presencia cálida en vez de oír reproches. Tómalo en tus brazos, verás cómo su enfado podrá expresarse entonces de otra forma, primero con lágrimas y después quizás con palabras o balbuceos si todavía es muy pequeño.

Consejo n.º 58

La rabieta: una palabra
que intenta expresarse

La mayoría de las veces, cuando el niño tiene una rabieta o se enfada mucho, significa que desea comunicar un estado de ánimo, un sentimiento que no consigue expresar de otra forma. Esto puede seguir sucediendo a medida que va creciendo, si no tiene palabras para expresarlo o no consigue entender claramente lo que le sucede.

Poco a poco, el niño va aprendiendo a vivir en sociedad y a solucionar su malestar sin molestar a su entorno, pero es preciso que entendamos que cuando es muy pequeño no posee estas nociones de altruismo y, sobre todo, no es capaz de entender todo lo que ocurre a su alrededor. Tan sólo puede decirse a sí mismo «estoy mal» y nosotros (como adultos), solamente podemos esperar que siga expresando siempre su malestar.

La tristeza, los lloros, los gritos constituyen formas de expresar sentimientos que no han sido verbalizados mediante palabras, ya sea porque el niño es demasiado pequeño para decir esas palabras, ya sea porque la emoción es demasiado fuerte como para que las palabras sean suficientes y expresen realmente lo que está experimentando. Es preciso oír, escuchar, consolar, pero también es preciso dejar que viva esos momentos y no perder la calma.

A lo largo del proceso de educación, es decir de civilización, existe siempre una cierta imposición, unas obligaciones, unos aspectos nada divertidos que nos reprimen a todos en cierta medida, a los niños en primer lugar. Es preciso escuchar para oír lo que el niño desea expresar cuando está teniendo una rabieta.

Una de las funciones de los padres consiste en ayudar al niño a adquirir las herramientas que le ayuden a expresarse: el lenguaje o la capacidad mediante otros medios (el dibujo, el canto, el juego, el deporte) de decir lo que es, lo que siente.

Los bebés, los niños, los jóvenes no juegan a portarse mal por el simple placer de hacerlo. Evidentemente, puede ocurrir que estén desafiando la autoridad, pero una conducta que no sigue las normas esconde un mensaje, un deseo de expresarse, un resentimiento que es preciso escuchar para encontrar las soluciones al problema. Podemos lograr que un niño se calle mediante la imposición de nuestra autoridad, pero esto se volverá en contra de nosotros y más adelante también en contra del niño. Por ello, los padres deben saber entender lo que está expresando a través de un comportamiento supuestamente inadecuado. Podemos intentar acercarnos al niño y hablar con él; paralelamente, nos cuestionaremos sobre sus vivencias actuales, tanto en casa como fuera. Lo importante es hacer todo lo posible para que la comunicación siga fluyendo, para permanecer en conexión con el niño de forma que éste puede verbalizar (o dibujar o cantar...) aquello que siente cuando esté listo para hacerlo.

Consejo n.º 59

¡Olvídate de la idea de la armonía perpetual

So pretexto de no ver a su hija llorar, Ana la deja jugar con su neceser de maquillaje, algo que en el fondo le molesta profundamente.

Independientemente de cual sea la situación problemática, si el hecho de acceder a una petición de tu hijo te molesta, te pone nervioso o te incomoda, significa que no estás conforme con esa demanda. Puedes decir que no, sencillamente, e intentar que se interese por otra cosa. Si no somos capaces de soportar el enfado o la tristeza de un niño, quizás ocurra que no somos capaces de enfrentarnos a nuestros propios enfados y penas. La psicoanalista Christiane Olivier habla de «acoger a nuestro ogro interno», algo que sin duda es cierto para todos nosotros.

No debes reprimir la expresión de las emociones de tu hijo, ni siquiera cuando esto no te resulte nada fácil. Debes animarle a expresar siempre lo que siente. ¡Es posible liberar nuestro corazón mediante un dibujo! Tómate el tiempo necesario para mirar lo que dibuja, para observarlo cuando juega, para ver lo que intenta resolver.

Pero no te dejes invadir por sus deseos hasta el punto de olvidar los tuyos propios. Resulta totalmente natural que se produzcan confrontaciones ocasionales con los niños. La armonía a cualquier precio finalmente puede resultar muy cara.

Consejo n.º 60

No cedas ante
todas sus demandas

Sí, puede ocurrir que un niño esté triste o enfadado y que necesite expresarlo. El escaso número de nacimientos en las sociedades occidentales explica en cierta medida que el niño sea el rey de la casa. A menudo se complacen sus deseos de una forma exagerada. El mini *baby-boom* que se está viviendo actualmente quizás logre modificar en algo esta actitud. El niño necesita sin duda alguna atención, cariño, amor, pero no necesita sobreatención y, sobre todo, no necesita que todo el mundo esté a sus pies.

Evidentemente, si estamos en un lugar público y nuestro hijo de dos años se tira al suelo y empieza a gritar, suplicando que lo llevemos en brazos hasta casa, ¡nos sentiremos bastante solos y probablemente sobrepasados por los acontecimientos! Sin embargo, ¡qué padres no han vivido esta situación! Cuando ésta se produce, es necesario resistir un momento y después elegir: o bien aceptamos o bien resistimos. Resistir supone arriesgarse a ignorar sus necesidades cuando son reales; ceder significa correr el riesgo de instaurar una costumbre que nos cansa. En función de las circunstancias, es preciso elegir y confiar en haber realizado la mejor elección.

Consejo n.º 61

Es natural vengarse de aquello que vivimos como una injusticia

Si tu hijo refunfuña, se pone de mal humor, está triste, se encierra en sí mismo, pregúntate lo que ha ocurrido los últimos días. ¿Te has separado de él durante unos días? ¿Ha vivido un cambio que no le fue previamente anunciado? Si la respuesta es afirmativa, es muy natural que tu niño reaccione de algún modo.

Consejo n.º **62**

Las crisis suelen producirse en momentos de transición

¡Es la hora de prepararse para ir a la guardería o a la cama y el niño tiene una rabieta! No hay nada sorprendente en ello. Tal como he sugerido anteriormente (pág. 42), es preciso preparar los cambios anunciándoselos previamente, de este modo te evitarás bastantes rabietas.

Consejo n.º **63**

Memoriza pequeños trucos para calmarlo

Tu pequeño tiene dos, cuatro, seis años... y a veces se pone insoportable, ya sea porque desea realizar por él mismo actos para los que todavía no está preparado, ya sea porque se niega a hacer lo que tú quieres que haga por sí solo.

Dado que resulta bastante ilusorio pedirte que conserves siempre la calma, te será útil memorizar algunas formas de actuar en estos casos. Por ejemplo, «cuando se pone nervioso o me pongo nervioso yo, no olvido respirar profundamente». O también, «si me doy cuenta de que voy a perder la calma, salgo de la habitación». O incluso, «me visualizo junto al mar, en verano, tranquilo, sobre la arena». Constrúyete algunos escenarios cortos impregnados de paz e invócalos en los momentos de crisis. Esto te ayudará a conservar la calma.

Es preciso que una pequeña alarma se active en tu interior cuando empieces a ponerte nervioso porque tu hijo se descontrole. Es una costumbre saludable.

Consejo n.º 64

Debes mostrar una actitud racional y constante

«Primero haremos esto, y después, aquello.» Tampoco es necesario estar siempre en alerta, ni controlar permanentemente a los niños, pero es útil actuar siempre que se pueda de forma metódica y anunciarles las etapas siguientes.

Consejo n.º 65

Reconoce sus emociones, pero sin fomentarlas

Cuando el niño grita, llora, gimotea o refunfuña, se opone a las reglas, está intentando expresarte lo que siente. Se trata de una tentativa de comunicación que, aunque torpe, no deja por ello de ser menos real. Desea transmitir a sus padres su pena, su mal humor, aquello que le molesta o le preocupa. En ocasiones, sabe de qué se trata; en otras, no tiene ni idea de lo que es.

Tu función consiste en agudizar el oído, la vista y la capacidad de comprensión, de forma que puedas captar lo que tu hijo intenta transmitirte. Si percibes estas manifestaciones como tentativas de comunicación, no reaccionarás de forma inapropiada. Evidentemente, esto no significa que entiendas siempre lo que está ocurriendo, es algo que puede llevar su tiempo, pero las personas (incluidas los niños) no lloran sin ningún motivo. Lloran, se ponen de mal humor o se rebelan porque experimentan un malestar que no consiguen expresar de otra forma. Hay que tomarse el tiempo necesario para escuchar lo que quieren decirnos y que quizás sean incapaces de expresar con palabras. También es posible conseguir que exprese lo que está sintiendo mediante el dibujo o el juego.

Cuando se experimenta un sentimiento de tristeza o de enfado, el simple hecho de ver que el otro se da cuenta de ello resulta ya muy reconfortante. Esto es válido para los adultos, pero también para los niños. Quizás tengamos tendencia a cambiar de tema, intentando alejar al niño de la fuente de su pena o de su enfado. Sin embargo, si nos limitáramos a reconocer sencillamente su sentimiento y la causa que lo motiva, en caso de conocerla («estás triste porque has perdido tu peluche»), le daríamos la oportunidad de poner palabras a su pena (o a su enfado) y estaríamos legitimando su sentimiento. Tiene derecho a sentirse como se siente.

Dicho esto, también hay que enseñar al niño a no quejarse sin cesar. Todos conocemos a personas que no han aprendido a aguantarse y no resultan nada gratas. Hay que enseñar al niño a reconocer su malestar o sus insatisfacciones y a desarrollar su capacidad para encontrar soluciones.

Consejo n.º *66*

Después de un enfado, debes ir tú hacia tu hijo

El niño no tiene la madurez de un adulto: corresponde, pues, a los padres proseguir el diálogo, forma parte
de su responsabilidad.

Sobre el tiempo

Hay que dar tiempo al tiempo.

Miguel de Cervantes

Debes entender que tu hijo no tiene la noción del tiempo

El niño vive en el instante preciso, motivo por el cual quiere ejercer su voluntad aquí y ahora. El pasado, el presente, el futuro son conceptos que tardará unos años en entender. A la edad de cuatro años, quizás tres, empezará a decir *ayer*, *mañana*. Será capaz de entender que existe un tiempo pasado y un tiempo futuro alrededor de los cinco años. A medida que vaya creciendo, las nociones de pasado, presente y futuro se irán afinando.

Consejo n.º 68

Dedícale tiempo a tu hijo

El concepto de «tiempo de calidad» me sobrepasa. Evidentemente, es importante dedicarles «tiempo de calidad» a nuestros hijos. Si pasamos con ellos toda la tarde pero estamos de mal humor, psicológicamente ausentes o no dejamos de reñirlos, acabarán deseando veladamente, o no, encontrarse en otro lugar, y nosotros también lamentaremos el tiempo compartido de este modo. Pero también es cierto que el tiempo que pasamos con nuestros hijos puede ser de lo más banal y sin embargo resultar muy grato. Todos podemos entender fácilmente hasta qué punto estar con alguien en la misma casa o en la misma habitación, incluso sin hacer nada juntos, puede resultar profundamente beneficioso tanto para los padres como para los hijos.

Consejo n.º 69

¡La falta de tiempo no es una excusa!

En algunos casos, podemos tener tendencia a hacer las cosas nosotros en lugar de nuestro hijo; por ejemplo, atándole los cordones de los zapatos, ordenando su habitación, haciéndole los deberes, so pretexto de que no tenemos tiempo.

Sin embargo, uno de los mejores regalos que podemos dar a un hijo es impulsarle a que se espabile por sí solo y acompañarle paso a paso a lo largo de su aprendizaje sin dárselo todo mascado.

Tus expectativas deben ser realistas

Si el centro es estable,
la familia estará unida.

Ngugi

No te empeñes en que crezca demasiado rápido

Respeta el ritmo de aprendizaje de tu hijo. Saber esperar es una virtud. Françoise Dolto, la eminente psicoanalista francesa infantil, decía: «dejar que el niño progrese a un ritmo que es el suyo propio es una de las claves de la educación».

Algunos niños se chupan el dedo hasta muy tarde. Otros dejan de hacerlo más temprano. Algunos niños hacen sus deberes solos desde el principio, mientras que otros necesitarán durante mucho tiempo que se les ayude. Todo depende del temperamento de cada uno y del sector de actividad de que se trate. A menudo, unos padres que insisten para que un determinado comportamiento cese rápidamente dan muestras de su propia inseguridad.

Consejo n.º 71

¡No le exijas aquello para lo que no está preparado!

Del mismo modo que es desaconsejable nivelar por lo bajo, resulta nocivo exigirle a un niño un comportamiento que todavía no está en condiciones de observar. Es habitual que un niño de cuatro años se olvide de lavarse los dientes por la mañana y por la noche, hay que acompañarle y más adelante recordárselo. De nada sirve repetírselo poniéndonos nerviosos, ya que es natural que olvide hacerlo.

Cuando aprende algo nuevo, es preciso decírselo y repetírselo varias veces al principio. Pero aquello que deberemos repetir tres veces al día a un niño de dos años, tan sólo lo repetiremos dos veces a uno de tres, una vez a uno de cuatro y una vez de cuando en cuando a uno de cinco. A partir del momento en que entendemos esto, seremos más pacientes. Exigirle a un niño aquello que no está preparado para realizar equivale a inculcarle, sin darnos cuenta, un sentimiento de ser tonto y estúpido.

Consejo n.º 72

No seas ni complaciente ni indulgente

De todas formas, recuerda que es preciso poner el listón a un nivel bastante elevado. Todos nos hemos sentido alguna vez motivados por el hecho de tener que superarnos; del mismo modo, tener de cuando en cuando el sentimiento de ser malos en algo no mata a nadie e incluso puede permitir superarse. Pero como en cualquier otro aspecto, es preciso optar por el término medio, es decir, no esperar demasiado ni demasiado poco.

A fuerza de nivelar por lo bajo, de querer preservar su ego, su sensibilidad o nuestra tranquilidad, podemos caer en la trampa de exigirle muy poco al niño, algo que sin duda no le beneficia. En estos casos, el niño puede desarrollar una pereza, un carácter melancólico, una tendencia a rehuir los retos. Estaremos incitándole a que haga lo menos posible, con el pretexto de darle dulzura, gentileza o amor.

Cuando se educaban a los futuros reyes en las cortes, las exigencias para con esos niños eran grandes. Dado que en la actualidad los niños son reyes (en parte a causa de la baja natalidad), también puede ocurrir que se caiga en el extremo opuesto, es decir, que se les exija demasiado, sobre todo en relación a su edad. No te sientas, pues, obligado a educar a un pequeño genio. Si le exiges tareas o actitudes para las que todavía no es suficientemente maduro, estarás colocándolo en una situación de fracaso.

Se trata simplemente de actuar de forma sensata y equilibrada, de inculcar en tu hijo el gusto por los retos (el espíritu deportivo), el gusto por ganar y la capacidad para encajar las derrotas.

Los hermanos

Ninguna amiga se puede comparar
con una hermana.

Cristina Rossetti

Un hermano es un amigo
que nos da la naturaleza.

Gabriel Legouvé

Consejo n.º *73*

¡Ningún lugar entre hermanos es ideal!

Los hermanos, independientemente del lugar que ocupan en la familia, no están nunca totalmente seguros de los sentimientos de sus padres y en algunos casos pueden llegar a sufrir por no sentirse los preferidos. En este particular, todos tenemos nuestra propia visión, que a menudo viene determinada por el lugar que nosotros mismos hemos ocupado en nuestra familia. Así, podríamos tener cierta tendencia a creer que los hermanos mayores suelen ser favorecidos respecto a los demás, si nosotros mismos hemos sido el segundo o el tercero de los hermanos.

Del mismo modo, el hermano mayor puede estar convencido de que los más pequeños son los preferidos. Estos juicios valen lo que valen: ningún rango es el ideal. Dicho esto, no podemos ignorar el hecho de que algunos hermanos se llevan mejor que otros con su padre, con su madre o con ambos. Los niños se dan perfecta cuenta de ello y corresponde a los padres (aunque tengan mayor afinidad con uno de sus hijos) preservar la justicia en el seno de la familia.

En algunos casos, el mayor puede temer que lo destronen. Así, puede reaccionar ante la llegada de un hermanito o de una hermanita regresando ligeramente, volviendo a ser más bebé. También debemos tener en cuenta que puede reaccionar de forma tardía. Ocupa una posición de modelo y de pequeño jefe y es preciso evitar que se convierta en un pequeño tirano, ¡pero sin privarlo de su función de hermano mayor!

En ocasiones, el hermano pequeño puede sentir la necesidad de afirmarse frente al mayor, que adopta sin embargo como modelo. Se siente impresionado por ese niño mayor que él. Los padres suelen estar más relajados cuando llega el segundo hijo, lo que facilita el desarrollo del más pequeño. Son más tolerantes. El segundo no se ve obligado a crecer demasiado rápido: los padres aprecian más al bebé que todavía es, no sienten tanta necesidad de demostrarse a sí mismos que son buenos padres y suelen ser algo menos exigentes. Todo ello supone una ventaja para el hermano pequeño. Por otra parte, éste no habrá tenido nunca a sus padres para él solo, lo que supone una experiencia de menos. Si nace un tercer o cuarto hermano, el segundo tiene a menudo la impresión de haber pasado desapercibido. Se le olvida más que a los demás. En cuanto al tercero de una familia de cuatro o cinco hermanos, también es muy posible que afirme haber sufrido por pasar desapercibido.

El bebé de la familia suele ser el más mimado. Pero también puede ocurrir, sobre todo si nace en un momento en el que los padres ya están un poco saturados por desempeñar esta función, que se ignoren demasiado sus necesidades. Tendrá la sensación de estar de más, de que no se le toma suficientemente en consideración.

Consejo n.º 74

Toma consciencia de su miedo a que le quieras menos que a sus hermanos

Es natural desear sentirse querido y necesitar el amor de los padres. Igualmente, resulta totalmente normal que un niño pueda llegar a temer que se le quiera menos que a sus hermanos y hermanas. Tan sólo hay que reconfortarlo y demostrarle que se le quiere del mismo modo que a los demás hermanos. Es un sentimiento que a menudo puede perdurar: se trata sencillamente de transmitirle que cada uno ocupa su propio lugar en el seno de la familia, que es único.

Consejo n.º 75

Intervén lo menos posible en las peleas entre hermanos

Escucha las quejas de cada uno de tus hijos, su postura, anímalos a que expresen lo que sienten y experimentan. Escúchalos uno a uno y no necesariamente en presencia de los demás. Ayúdales a encontrar soluciones viables, pero después deja que sean ellos quienes solucionen sus problemas, a menos, evidentemente que recurran a una violencia excesiva.

Consejo n.º 76

Brinda a cada uno de tus hijos la oportunidad de ser único

Hablar con tus hijos de tú a tú propicia las confidencias y una comunicación más auténtica. Si tienes dos, tres, cuatro o más hijos, no olvides que todos ellos valoran los momentos que comparten con su padre o madre en solitario.

Para acercarte a uno de tus hijos, elige una actividad en común que os guste a los dos.

Evidentemente, a veces tenemos la sensación de que nos falta tiempo, pero los momentos compartidos con nuestros hijos no dejan de ser muy valiosos. Si tienes dos hijos, tan sólo debes prestar atención a no repetir siempre el mismo guión: tu hijo pasa la tarde con su padre o su madre; tu hija, con el otro progenitor. En cualquier caso, los hijos valoran mucho los momentos que comparten en solitario con cada uno de sus padres. Y siempre es posible, si nos esforzamos mínimamente, encontrar actividades que gusten de forma especial a los dos.

Consejo n.º 77

¡Cuidado con las injusticias!

Entre hermanos y hermanas a menudo existe, e incluso de forma permanente, un dominante y un dominado. Presta atención a no posicionarte siempre a favor del mismo niño, tanto si se trata del dominante como si es el dominado. Evidentemente, deberás procurar que el dominado no se vea obligado a desempeñar siempre el mismo papel; los roles deberían cambiar en función de las actividades y también con el transcurso del tiempo. Las peleas entre hermanos y hermanas esconden a menudo el deseo de uno de ellos de obtener un lugar que no tiene.

Él o ella quizás tengan motivos para querer cambiar la situación. Como padres, se suele reaccionar protegiendo sistemáticamente a uno de los hijos en relación con el otro.

Consejo n.º 78

Las preferencias son naturales

¿Tienes dos o más hijos y estás preocupado por el hecho de llevarte especialmente bien con uno de ellos? Esto es algo prácticamente inevitable.

Si tu pareja (marido, mujer, padre o madre de tu hijo) palia esta preferencia mediante una afinidad más acusada con el otro hijo —siempre y cuando, oh , milagro, tengas dos niños—, la situación funciona perfectamente. Pero si la geometría familiar no es tan sencilla, deberás procurar no privilegiar a uno de tus hijos respecto a los demás. Así evitarás sufrimientos innecesarios.

La única forma de no empeorar esta situación consiste en ser consciente de tus preferencias. La consciencia modifica la situación.

Los castigos
y la autoridad

La juventud supone rebelarse contra todo.

Carlos Molina

Lo que debes saber
sobre los castigos

Si tu hijo ha cometido un acto que te parece inaceptable y que va en contra de las reglas que conoce, no hay nada de malo en castigarlo, porque con ello le ayudarás a liberarse de la culpabilidad que podría estar experimentando. Él sabe que ha actuado de forma inaceptable para su entorno y si paga por lo que ha hecho se sentirá liberado. El castigo le da un espacio o un tiempo en el que podrá reflexionar sobre lo que ha hecho y entender claramente que su comportamiento no es aceptable.

También deberás evitar que sea papá quien castigue, o a la inversa, si es mamá quien ha sido testigo del acto reprobable. Por otra parte, el castigo debe imponerse lo más cerca posible en el tiempo del acto inaceptable. El vínculo debe ser muy fuerte entre el gesto realizado y su consecuencia.

Pero hay algo seguro: no debes maltratar nunca a un niño, ni física ni mentalmente.

Consejo n.º 80

Ponle un castigo
a su medida

Le ha tirado del pelo a su hermana, ha perdido el control: quieres transmitirle que no aceptas este comportamiento y que por ese motivo vas a castigarlo. De acuerdo, pero no te sobrepases infligiéndole un castigo demasiado duro. Es necesario que aprenda a asumirlo. Por este motivo, le puedes decir que deberá permanecer en su habitación durante diez minutos, pero no durante horas si tiene tan sólo dos o tres años. El castigo debe actuar como una reparación del acto reprobable; una vez que lo ha cumplido, el niño ya no debería sentirse culpable. Es algo así como si pagara una multa.

Consejo n.º 81

Busca la dosis justa de autoridad

No todos los padres tienen el mismo grado de autoridad, algunos son más severos, otros más flexibles y no sirve de nada ir en contra de su propia manera de ser. Así pues, deberás actuar conforme contigo mismo y no sentirte culpable si eres distinto al padre o a la madre de tu hijo (viváis juntos o no) o a otros padres. Es importante conocerse a uno mismo y encontrar la forma de actuar consecuentemente con nuestros propios valores. Independientemente de ello, la mejor forma de autoridad es aquella que proporciona balizas al niño, que le pone límites, al tiempo que no lo infravalora.

Consejo n.º 82

Que tu autoridad sirva para protegerlo

Para que tu hijo se sienta seguro y plenamente protegido, debe sentir que tú eres fuerte, más fuerte que él. Debe tener la seguridad de que esta fuerza jamás se volverá contra él, que existe en cierto modo para reconfortarle.

Consejo n.º 83

Entiende el significado del robo

Robar es una reacción primaria que significa: «deseo tener esto y es la forma más sencilla de conseguirlo». Para el niño pequeño también significa una toma de poder importante....

No lo clasifiques en una categoría, no lo traumatices, enséñale en cambio a reparar el acto y explícale su significado. Por ejemplo, puede devolver el objeto robado y pedir perdón por su falta si ésta es descubierta.

Consejo n.º 84

Entiende el significado de la mentira

Alrededor de los cuatro años, el niño siente la necesidad de mentir. De hecho, miente porque va tomando poco a poco conciencia de que tiene un pensamiento propio; ejerce con ello un cierto poder sobre los demás al demostrar que controla su mundo. De este modo, mediante la mentira, puede verificar hasta qué punto es independiente de los demás. Con ello toma conciencia de que es dueño de sí mismo. Evidentemente, no se trata de dejarle mentir hasta el punto de que él mismo se pierda en sus propias mentiras. Se iría aislando poco a poco de los demás. Sin embargo, se da cuenta a través de su mentira que es una persona diferenciada y que no responde exactamente a la imagen esperada por sus padres o por sus familiares.

Por lo tanto, no hay que reprimirle demasiado vehementemente, es preferible hacerle entender poco a poco que la sinceridad y la integridad le permiten acercarse a las personas, que de este modo podrá crear vínculos reales. La mentira lo alejaría inevitablemente de los demás, lo convertiría en una persona solitaria, obligándole a controlase constantemente para evitar que lo descubran. Al hacerle ver cuál es su verdadero interés, podemos guiarlo hacia el amor por la verdad.

La vivencia de perder y ganar

Los niños lo tienen todo,
excepto aquello que les quitamos.

Jacques Prévert

Recalca los éxitos y los aspectos positivos

Es preferible realzar los aspectos positivos de una situación en vez de centrarse en aquellos que no lo son. Esto no significa que no veamos las cosas que van mal, tan sólo implica que fijamos nuestra atención ante todo sobre aquello que ha mejorado, así como sobre los logros obtenidos.

No todo el mundo posee el mismo talento, la misma fuerza. Lo que hay que hacer ante todo es ayudar a nuestro hijo a desarrollar sus propias potencialidades y no aquellas que nos gustaría haber desarrollado nosotros mismos. Esta actitud nos podría llevar a subrayar más sus fracasos y sus errores.

Podríamos denominar a la forma correcta de actuar «refuerzo positivo». No se trata realmente de un refuerzo positivo, ya que este enfoque consiste simplemente en recalcar una actitud o un aprendizaje, ya sea bueno o malo, interesándonos más por él. El principio que se debe aplicar consiste en estimular el comportamiento que querríamos que se repitiera, en vez de centrarnos en el comportamiento que consideramos inadecuado. Felipe ha recibido sus notas. Ha sacado mejores notas en inglés, en mates y en plástica, pero su rendimiento ha bajado en lengua. En vez de recalcar sus dificultades en lengua, sus padres lo felicitan por sus resultados en inglés, en mates y en plástica. En el caso de la lengua, señalan el descenso pero sin hacer de ello un drama y deciden sencillamente dedicar un poco más de tiempo a esta asignatura a lo largo del siguiente mes, trabajarla más.

Consejo n.º 86

Inculca a tu hijo el amor por el éxito

Felicítalo cuando alcance un objetivo, cuando gane, cuando coseche un éxito en cualquier sector de actividad, ya se trate de algo que ha hecho en casa o en el colegio. Tómate el tiempo necesario para recalcar sus éxitos. No se trata de convertirlo en un pequeño sabiondo o en un presuntuoso, pero para inculcar en alguien el gusto por ir más allá, es preciso felicitarlo cuando vemos que va avanzando. De lo contrario, el niño no entiende que ha ganado, que ha progresado y el hábito de superarse a sí mismo se instala más lentamente. Puede incluso no adquirir nunca este hábito si se trata de un niño a quien no se reconoce nunca su valía y sus logros.

No hace mucho que se educaba todavía a los niños a través de prohibiciones, y no potenciando determinados comportamientos. Las tendencias han cambiado, algo sin duda positivo. Pero en el día a día llegamos a olvidar que el simple hecho de reconocer una acción bien realizada, bien conducida, supone una motivación para repetirla.

Consejo n.º 87

Incúlcale el optimismo

No se trata de que lo conviertas en un miembro del grupo optimista, sino, sencillamente, a través del ejemplo, que le ayudes a ver el vaso medio lleno y no medio vacío. ¿Por qué motivo el optimismo resulta tan útil? Porque gracias a él no nos detenemos. Ayúdale también a entender que puede actuar sobre su propia vida, que puede cambiar aquello que no le conviene.

Consejo n.º 88

Enséñale a fracasar... sin desanimarse

El sentido del humor es una herramienta fantástica para enseñar a un niño que en la vida a menudo hay que remangarse y que unas veces se pierde y otras pocas se gana.

En cualquier caso, es útil pedirle que vuelva a empezar cuando fracasa en algo. Dicho esto, un niño pequeño no puede tener la misma capacidad de concentración que un adulto y al cabo de un rato suele ocurrir que se canse de una actividad. Si no está preparado, no debemos empujarle más allá de sus límites.

Cuando pierda o fracase en un intento, anímalo y reconoce su esfuerzo. Ha dado mucho de sí mismo, es bueno que se reconozca su esfuerzo, aunque los resultados no hayan sido los que esperabas.

Debes hacerle entender que la vida es un juego, que se ganan algunas partidas, que se pierden otras, y que la mejor forma de vivir feliz reside en no tomársela demasiado en serio. Un día, acabará consiguiendo su recompensa, al día siguiente no lo logrará, pero no pasa nada.

Consejo n.º 89

Sobre el proceso de aprendizaje

En todo aprendizaje, hay un período de desilusión. Un buen día, te levantas y te dices: «bueno, voy a aprender inglés» y te imaginas que ya lo hablas fluidamente. Todo te parece fácil. Te pones a ello, al principio todo va bien, pues ya conocías los fundamentos de la lengua, pero después las cosas se complican. Cuando llega el momento de aprender los aspectos más complejos, en un momento u otro te sientes totalmente incapaz. Negado para los idiomas. Cuando estamos aprendiendo algo que desconocemos, es natural que debamos enfrentarnos a nuestras lagunas y que nos sintamos incompetentes. Sin embargo, tras este momento de sentimiento de incompetencia viene la continuación, es decir, la mejora en el aprendizaje.

Tu hijo tendrá ganas de aprender si sabe enfrentarse a este sentimiento de incompetencia (necesariamente presente un día u otro) y si sabe que puede superarlo. Te corresponde a ti apoyarle en estos momentos de decaimiento.

Consejo n.º 90

Transmítele el gusto por experimentar

Hazle ver que cuando hacemos algo, a veces perdemos y a veces ganamos. A veces tenemos éxito, otras no. Al transmitirle una actitud realista (no se gana siempre, no se pierde siempre), le ayudarás a no vivir con un perpetuo sentimiento de omnipotencia, del mismo modo que le ayudarás a no sentirse un perdedor nato.

Las reglas de oro del respeto

Padres, no exasperéis a vuestros hijos
para que no se desalienten.

San Pablo

No humilles a tu hijo

Todo aquello que pueda provocar en tu hijo el sentimiento de ser un niño inútil, tonto, estúpido, bobo... debería evitarse a toda costa. Los padres que actúan con dureza esperan en realidad liberarse de su propio malestar de este modo. Sin embargo, con ello se distancian irremediablemente de su hijo. El niño que recibe golpes (psíquicos o físicos) pierde confianza en el adulto, en todos los adultos, del mismo modo que su confianza en sí mismo resulta automáticamente maltrecha. Empezará a anticipar el fracaso de sus actos... es una pendiente difícil de remontar. ¿Qué hacer cuando el gesto se ha anticipado al pensamiento? Sencillamente, pedir disculpas.

Consejo n.º 92

Respeta su temperamento, su forma de ser

Si eres una persona extrovertida y uno de tus hijos es introvertido o sencillamente de carácter tranquilo y discreto, quizás tengas tendencia a pensar que no se siente a gusto consigo mismo, cuando en realidad lo único que ocurre es que es un niño tranquilo.

Consejo n.º 93

Evita el chantaje siempre que puedas

Si quieres que recoja sus juguetes en su habitación, evidentemente la forma más expeditiva consiste en decirle: «si no recoges tu habitación, no tendrás...». Todos los padres caemos tarde o temprano en esta forma de chantaje porque, a menudo, los motivos reales por los cuales deseamos que haga algo (por ejemplo, deseamos que se vista para no llegar tarde al despacho) no tendrían ningún efecto estimulante en él. Sin embargo, es preferible evitar las amenazas y el chantaje, ya que esto coloca al niño en una situación perpetua de debilidad. Cuando he utilizado este tipo de «amenaza» o he practicado aquello que yo llamo «chantaje», lo he anunciado como tal. De este modo expresaba que quería que realizara imperativamente una determinada acción, a sabiendas de que los medios utilizados para conseguirlo eran algo torpes.

Una cosa es segura, hay que evitar utilizar la comida o el sueño en este tipo de negociación.

Consejo n.º 94

Evita los reproches

Sin quererlo, es muy fácil que empecemos a lanzar reproches a los niños. Todos los «deberías haber», «no deberías haber...» tendrían que eliminarse de nuestro vocabulario, pero como somos seres humanos resulta difícil no recurrir a ellos. Sin embargo, si somos plenamente conscientes del efecto que pueden llegar a tener sobre el niño, sobre nosotros mismos y sobre nuestra relación, sin duda tendremos más armas para resistirnos a emitir unos reproches que no sirven de nada. Lo que estás provocando en tu hijo al reprocharle algo (incluso tratándose de una falta que ha cometido) no es sino inmovilizarlo en esa falta. Se justificará, acusará a otro, puede incluso despreciarte o bien sentirse claramente culpable. Ninguna de estas reacciones alcanza el objetivo deseado, que sería que no volviese a cometer esa falta. Condenando, los padres lo único que consiguen es alejarse de sus hijos. En suma, los reproches no sirven de nada, salvo para que los padres se liberen un poco (aunque mal) de un malestar.

Consejo n.º 95

Evita clasificar al niño por categorías

Podemos sentir la tentación de poner una etiqueta a nuestro hijo, o de compararlo con los demás. Prácticamente todo el mundo que ha nacido en una familia con dos o más hermanos ha asumido un buen día que era el guapo, el inteligente, el deportista o bien el intelectual... de la familia. De forma negativa, también puede haber entendido que era el más malo, el más torpe, el menos espabilado... Como padres, es preferible evitar clasificar a los hijos en estas categorías, ya que con ello les estaríamos estigmatizando, asignándoles un determinado papel. También es cierto que es algo que no podemos evitar del todo. Posiblemente nos demos cuenta de que nuestro hijo posee determinado talento o característica y sentiremos la tentación de hacérselo saber. Si se trata de una visión que le ayuda, le apoya y que ejerce un efecto positivo en su vida, tiene un pase. Pero incluso en estos casos podríamos estar dándole al niño un papel que en realidad no le conviene y que es ante todo un paliativo para nuestra propia vida.

Si se trata de una clasificación que infravalora al niño, es imperativo reprimirnos.

Especialmente con los niños pequeños, los padres suelen tener tendencia a compararlos con niños de su misma edad. Así, pueden decirse a sí mismos: «Mi hijo parece menos espabilado que los otros niños de su misma edad». Esto parte de un sentimiento legítimo (cada padre desea que su hijo sea feliz, y cuánto más normal y rápida su evolución, más posibilidades tendrá de serlo), pero también es el resultado de las inseguridades de los propios padres.

Consejo n.º 96

Plantéale siempre elecciones verdaderas

Cabría pensar, porque es muy pequeño, que es fácil engañar a un niño. En este caso, fingimos que le damos la posibilidad de elegir, una trampa en la que puede caer, pero que no resulta en absoluto ventajosa a largo plazo. Si le das a elegir algo a tu hijo, hazlo de verdad. No le mientas.

Consejo n.º 97

Evita las bromas de mal gusto

Tu hijo empieza a vestirse solo y una buena mañana aparece en la cocina vestido de forma totalmente extravagante o se ha puesto la ropa del revés. Tu primer reflejo es reírte. Cuidado, es muy posible que no entienda tu reacción. El sentido del humor, a menudo tan valioso, también puede resultar hiriente.

¿Y tú?

No hay niños tontos;
tan sólo hay padres tontos.

Tristan Bernad

Abandona toda idea
de perfección

Todos los padres quisiéramos obtener un sobresalien-
te en lo relativo a la educación de nuestros hijos, a su
felicidad. Dicho esto, es preferible olvidarnos desde el
principio de toda idea de perfección, porque los niños
serían muy desgraciados teniendo unos padres perfec-
tos y porque, de todas formas, es algo que está fuera de
nuestro alcance. Intentaremos hacerlo lo mejor que
podamos, eso es todo. También es posible ser muy
buenos padres sin ser ningún paradigma de salud emo-
cional o de éxito social.

Consejo n.º 99

Revisa tu pasado

El nacimiento de un hijo, y las etapas que irá fran-
queando a medida que crezca, te harán revivir inevitablemente parte de tu propia infancia. Tómate el tiempo necesario para revivir tu pasado y estarás en
situación de ser un padre más consciente.

Si tu infancia ha sido demasiado difícil o si algunos
recuerdos te provocan un sentimiento de tristeza o de
amargura, posiblemente te resultaría beneficio realizar
una terapia. También es probable que el hecho de
recordar, de ser capaz de verbalizar, de expresar aquello que te hirió, te permita no repetir los mismos errores y no perpetuar el sufrimiento.

Consejo n.º 100

¡No te sacrifiques!

Si algún día te escuchas a ti mismo diciendo: «Se lo he dado todo o les he dado todo», recuerda que ha llegado la hora de detenerte, de realizar una pausa, de recuperar el placer de pensar en ti, de salir, de divertirte. Evidentemente, los padres realizan sacrificios para los hijos; se trata incluso de una de las satisfacciones que proporciona tener hijos y educarlos. Pero ese sacrificio debe ser libremente consentido, de lo contrario significaría que nos hemos equivocado de camino. En realidad, no se trata de un sacrificio, sino de una elección.

Independientemente de que tengas uno, dos, tres o más hijos, de que vivas en pareja o no, de que seas mujer u hombre, uno de los enemigos de la maternidad y de la paternidad es la tentación del don extremo de uno mismo. Este enemigo acecha más a las mujeres, quizás a causa de su educación (se potencia mucho la bondad de las mujeres), pero quizás también porque las mujeres, al dar la vida, inscriben en su cuerpo esa misma noción de don de uno mismo.

Evidentemente, cuando se tienen hijos, uno de los placeres que se experimentan es el de dar por una cosa justa. Pero hay que evitar la trampa de la exageración. Dar, está bien, pero dar demasiado resulta también una carga pesada y agotadora, tanto para uno mismo como para los hijos que reciben esa entrega absoluta.

¿Quieres la felicidad de tu hijo? Pues bien, no te olvides de ti mismo. No te agotes para colmar sus expectativas. ¿Qué significa esto? Pues significa, por ejemplo, que cuando te reclama un juguete, un cara-melo... lo primero que tienes que hacer es preguntarte qué estás sintiendo con respecto a lo que te está pidiendo. ¿Se trata de una necesidad importante para él? ¿Tienes o no la posibilidad de satisfacerla?

Es primordial que la vida personal de los padres siga estando bien viva.

Consejo n.º 101

¡No eres responsable de todo!

Los padres de hoy en día se ven obligados a ser buenos en todo. Es algo natural, prácticamente todo el mundo desea tener éxito en aquello que emprende. Pero esta voluntad de perfección existe también en cierta medida porque en nuestras sociedades occidentales tenemos relativamente pocos hijos, algo que los convierte en tesoros inestimables y en algunos casos en sujetos de éxito.

Sin embargo, los padres tan sólo podemos actuar del mejor modo que sabemos y esperar que esto tenga consecuencias positivas para nuestros hijos. Dicho esto, cuando nos encontremos sobrepasados por los acontecimientos podemos (e incluso debemos) pedir ayuda a terceras personas.

Consejo n.º 102

Acepta tus sentimientos negativos

La otra cara del amor es el odio, que puede surgir incluso en las mejores relaciones, las más profundas, las más sanas y armoniosas. Los niños tienen mucha energía, pueden trastocar nuestras costumbres, nuestras vidas y, en algunos casos, también pueden llegar a cansarnos mucho. Así mismo, algunas edades pueden gustarnos menos que otras. Opino que es fundamental aceptar nuestros sentimientos agresivos o incluso claramente sombríos, si queremos evitar que nuestro comportamiento acabe siendo también agresivo. El amor puede transformarse en odio, y para que esto no se perpetúe, tan sólo es necesario aceptar estos sentimientos, tanto los tiernos como los no tan tiernos. Y sobre todo hablar de ello con una persona cercana, con un amigo o una amiga que también tenga hijos, por ejemplo. Verás cómo las vivencias comunes os unen y que no eres el único que pasa por estos momentos de exasperación.

Consejo n.º 103

Adapta las pautas educativas a tu personalidad

Hoy en día, escuchamos a menudo cómo la gente se indigna contra lo que se ha dado en llamar «el niño rey» o el «niño tirano». Personalmente, prefiero que un niño sea príncipe, princesa, rey o reina, antes de que tenga la sensación de no valer gran cosa. «Todas somos princesas», decían en la película *La princesita*; es cierto. Pero también es cierto que si un niño, al crecer, se imagina que todo el mundo debe complacerle so pretexto de que es más importante que los demás, acabará saliendo perjudicando. Posiblemente tenga pocos amigos.

Dicho esto, vivimos inmersos en un individualismo creciente, que seguramente tiene aspectos muy positivos, pero que en ocasiones puede resultar cuestionable, porque cada uno quiere tener su lugar, un buen lugar.

Por otra parte, el individualismo galopante de nuestras sociedades puede ejercer una influencia negativa sobre el joven, aislándolo e impidiéndole establecer relaciones más cálidas con sus semejantes y con su entorno en general.

Isabelle Leclerc

Todos los padres deberían cuestionarse su filosofía educativa.

¿Qué es para ti, por ejemplo, un niño rey? ¿Es algo negativo tener la sensación de ser importante o por el contrario es algo fundamental? ¿Cuáles son en tu opinión los valores que verdaderamente importan?

Consejo n.º 104

Acepta que viva sus propias experiencias difíciles

Un día u otro, tu hijo deberá enfrentarse a una experiencia difícil que no te compete, que no es la tuya. Puede ocurrir que todavía sea muy joven para su primera experiencia dura. Quizás algún día deba enfrentarse a la muerte de un ser querido, a una intervención quirúrgica o a una enfermedad grave. Tú le acompañarás a lo largo de este duro trance, pero no podrás vivirlo en su lugar. Es su vida y tu amor no debe privarle de tener sus propias vivencias, tanto las felices como las desgraciadas.

Consejo n.º 105

Si tienes un problema
sin solución, háblalo

Hablar de lo que estamos pasando no resulta únicamente valido para aquellos casos en los que tenemos
un problema con nuestro hijo o nuestros hijos, es apli-
cable en cualquier circunstancia. Pero si hay algún problema con tu hijo, por favor, habla de ello con una
amiga, con otros padres, con un psicólogo... Podrán
darte un consejo juicioso o sencillamente escucharte;
por tu parte, el simple hecho de sentirte escuchado,
quizás te ayude a encontrar una solución.

Habla también de tus vivencias respecto a la educación de tus hijos; es falso creer que siempre resultará
fácil y que siempre conservaremos el entusiasmo.
Cuando la niña de Josefa cumplió siete años, de forma
bastante repentina se volvió muy reservada, incluso
verdaderamente tímida. Al estar preocupada, su madre
llamó por teléfono al centro de atención psicológica
infantil que le correspondía. La pusieron en contacto
con un psicólogo, que tras escucharla, la tranquilizo
sobre lo que ocurría. Esta simple acción le permitió
dejar de preocuparse y por lo tanto dejar de presionar

a su hija para que hablara y calmara con ello sus propios temores. Bastaron algunos meses para que la niña recuperara su carácter extrovertido.

Consejo n.º 106

Establece un plan para la resolución del problema

Cualquier búsqueda de una solución comporta las mismas etapas. Son las siguientes:

1. Plantear y delimitar el problema o el obstáculo por superar o solucionar.
2. Actuar.
3. Ver lo que acabamos de hacer.
4. Interiorizar lo que acabamos de hacer, es decir, ser capaz de hablar de ello.
5. Comparar la experiencia vivida con otras experiencias.

Consejo n.º *107*

No abandones la partida en pleno aprendizaje

Tu hijo no quiere dormir por la noche, tiene miedo. Has establecido un ritual de sueño (cuento, luz encendida, etc.), pero no ha servido de nada, sigue reclamándote. Vuelves a ir a verlo a su cuarto, te quedas cinco minutos junto a él, después vuelves al salón... se vuelve a poner a llorar. Aquí es cuando cedes. Pero es en este preciso momento cuando tendrías que haber perseverado un poco más. A menudo, los padres podrían evitar que un problema se eternizara (o se repitiera) resistiendo durante un poco más de tiempo. Inténtalo.

Consejo n.º 108

Asume que el consenso perfecto entre padres (sobre educación) se da muy pocas veces

La mayoría de las veces, donde hay padre y madre, existen en cierto modo dos conceptos distintos de educación. Uno de los miembros de la pareja suele ser más permisivo, más flexible que el otro, lo que no significa que el otro sea un mal padre o una mala madre. Los hijos encuentran un equilibrio y sobre todo una comprensión del mundo más amplia a través la diferencia existente entre sus padres. Entenderán mejor que no existe una sola verdad, que cada uno tiene su propia forma de ver las cosas.

Sin embargo, dos padres con valores fundamentalmente opuestos pueden provocar perplejidad en el hijo, sobre todo cuando éstos ya no viven juntos y el niño reside alternativamente en casa de uno u otro. En estos casos, es preferible hablar de ello con el otro progenitor y ver sobre qué bases es posible llegar a una entente. Evidentemente, cada postura es distinta, pero en ocasiones también es posible explicar al hijo las diferencias existentes entre ambas; esto le permitirá entender los sentimientos contradictorios.

Consejo n.º 109

Un hijo no es una prolongación de uno mismo

Este problema suele presentarse sobre todo cuando se trata de un primer hijo o de un hijo único. Todos, lo queramos o no, transmitimos a nuestros hijos algunas de nuestras cualidades, pero igualmente algunos de nuestros defectos.

Es importante que seamos lo más conscientes posible de que podemos estar presionando a nuestros hijos para que hagan realidad nuestros propios sueños o ideales.

Aunque tengamos poca capacidad de control sobre esta tendencia, es primordial que no obliguemos a nuestro hijo a asumir nuestros propios deseos de realización personal.

Consejo n.º 110

Evita los extremos: considera que tu hijo recibe las influencias de la genética y del entorno en un 50%

Precisamente porque no estamos seguros de nada, es preferible compartir el peso entre estas dos tendencias. De este modo, evitaremos creer que todo es genético, cayendo en una de las trampas más frecuentes de la medicalización de la salud y de la explicación biológica del comportamiento del niño.

Consejo n.º 111

Fomenta tu creatividad

Un buen día, Helena, de casi tres años, empezó a mostrar mucha preocupación cuando su padre se disponía a salir de casa para ir al trabajo. ¡Éste le explicó entonces que salía para ir a comprarle unas chucherías! Como era muy golosa, aceptó la explicación y la preocupación cesó.

Un día que Alejandro se negaba categóricamente a ponerse los zapatos (unas bambas), su madre se puso las suyas e hizo que se fijara en su semejanza. Al cabo de unos minutos, ya no protestaba.

Un día que Elisa quería jugar a la tienda de ropa, su madre le ayudó a sacar toda la ropa del armario. Supuso mucho trabajo, pero pasaron un gran momento juntas.

La mayor tarea de tu hijo:
¡encontrar un orden
en el caos!

No resulta nada fácil aprender a vivir. Imagina todo el camino que debe recorrer el bebé y después el niño antes de convertirse en un hombre o una mujer. Lo que experimenta es inmenso, y la más mínima cosa que podamos hacer para la personita que hemos traído al mundo, es acompañarla y ayudarla a desarrollarse como un ser completo.

La tarea de un padre consiste en ayudar a su hijo a poner orden en el caos que parece ser la vida en sus inicios. Se trata entonces de simplificarle la vida al máximo, de forma que ésta no le parezca todavía más complicada de lo que es. Ante todo, se trata de quererlo y de enseñarle a querer.

Bibliografía

Bacus, Anne, *Le livre de bord de votre enfant de 3 à 6 ans*, París, Marabout, 2002.

Brunet, Christine y Nadia Benlakhel, *C'est pas bientôt fini ce caprice? Les calmer sans les énerver*, París, Albin Michel, 2005.

Duclos, Germain, *L'estime de soi, un passeport pour la vie*, Montreal, Servicio de publicaciones del Hospital Sainte-Justine, 2000.

Laporte, Danielle y Lise Sévigny, *L'estime de soi des 6-12 ans*, Montreal, Hospital Sainte-Justine, 2002.

Liaudet, Jean-Claude, *Dolto expliquée aux parents*, París, Éditions de l'Archipel, 1998.

Lush, Dora, Jonathan Bradley y Eileen Orford, *Comprendre votre enfant de 9 à 12 ans*, París, Albin Michel, 2001.

Monbourquette, Jean, *Pour des enfants autonomes: Guide practique à l'usage des parents*, Montreal, Novalis, 2004.

Pleux, Didier, *Manuel d'éducation à l'usage des parents d'aujourd'hui*, París, Odile Jacob, 2004.

Purves, Libby, *Comment ne pas élever des parents parfaits*, París, Odile Jacob, 1995.

Steiner, Deborah, Elsie Osborne y Lisa Miller, *Comprendre votre enfant de 6 à 9 ans*, París, Albin Michel, 2001.

Viorst, Judith. *Renoncer à tout contrôler: à chaque étape de la vie, résister à la tentation du pouvoir pour réussir à être soi-même*, París, Robert Laffont, col. Réponses, 1999.

Windell, James, *Se faire écouter d'un enfant têtu*, Montreal, Le Jour (editor), 1999.

Wyckoff, Jerry y Barbara C. Unell, *L'enfant qui dit non: Aider votre enfant à traverser la phase du non*, Montreal, Éditions de l'Homme, 2005.

Wyckoff, Jerry y Barbara C. Unell, *Se faire obéir des enfants sans frapper et sans crier*, Montreal, Éditions de l'Homme, 2005.

Otros títulos en esta colección:

25.000 nombres de bebé

Sin duda, *25.000 nombres de bebé* es la mejor guía para escoger el nombre adecuado. Este libro proporciona miles de sugerencias, informando de su significado y posibles variantes de escritura. Desde los más tradicionales a los más exóticos, pasando por algunos extranjeros ya frecuentes en nuestra sociedad. También incorpora listas de consulta para que el lector pueda comprobar, por ejemplo, los nombres más utilizados o los que están de moda.

¿Cómo piensan los bebés?
Serge Ciccotti

Sabemos muchas cosas del bebé por intuición, pero ¿hasta qué punto acertamos? ¿Qué sabemos de lo que percibe y de lo que siente? Este libro presenta 100 pruebas llevadas a cabo en laboratorio o en casa, descritas con humor y claridad, que nos permitirán descubrir y comprender las capacidades de los niños pequeños. Un libro que nos ayudará a comunicarnos mejor con el bebé.

Mi embarazo día a día
Véronique Mahé y Dr. Julien Saada

Para ti el embarazo es un terreno desconocido... Comparte las reflexiones, las dudas y las ilusiones de una futura madre que cuenta en su diario absolutamente todo lo que le pasa por la cabeza a lo largo de su embarazo.

De la prueba de embarazo hasta llegar al parto, el doctor Julien Saada, tocoginecólogo, comenta las confidencias de Laura y responde a todas las preguntas que se pueden plantear.

Los 100 primeros días del bebé
Véronique Mahé

¡Al nacer el primer bebé hay razones para sentirse perdida y desorientada! Nada es «natural»: la lactancia, cómo preparar el biberón, por qué el bebé llora tanto... En este libro podrás seguir, día a día, la experiencia de una mamá primeriza, acompañada de consejos médicos, trucos prácticos, juegos para el bebé e informaciones útiles para aprovechar al máximo los 100 primeros días, tan importantes para el pequeño... como para sus padres.

Bebés para principiantes
Roni Jay

Bebés para principiantes no trata los aspectos superficiales, sino que se centra en las cuestiones fundamentales: el nacimiento, la lactancia, cómo dormir al bebé, cómo introducir por etapas los distintos alimentos, etc.

El libro ideal para madres y padres principiantes que no tienen muy claro si su hijo llora porque tiene hambre, cólicos, o el pañal repleto.

Papá a bordo
Stephen Giles

El nacimiento de un hijo os cambiará la vida. Claro que es fantástico, pero... al principio no sabemos cómo enfrentarnos a la nueva situación. La vida aparece de repente repleta de cosas por aprender y retos por superar.

Gracias a Stephen Giles, al final del primer año seréis capaces de cambiar el pañal hasta dormidos (en caso, claro está, de que logréis dormir) y, más importante aún, dominaréis el arte de ser un buen padre.